KB053956

성숙한 리더의
품격 있는
분노

성숙한 리더의

품격 있는
분노

부경미 지음

SNOWFOX

성숙한 리더는 품격 있는 분노를 훈련한다

화를 내는 것도 죄가 될까? 맞는 말이기도 하고 틀린 말이기도 하다. 즐거워서 웃음이 터져 나오고 슬퍼서 눈물이 쏟아지는 것처럼 화를 내는 것도 자연스러운 감정 표현이기에 죄가 아니다. 그런데 때에 따라서는 죄가 되기도 한다. 품격을 잃은 화, 즉 올바르지 않게 표출된 화가 그렇다. 상대의 몸과 마음에 상처를 입히기 때문이다.

'화'의 감정을 상대에게 있는 대로 표현하며 폭언을 하거나 모욕적인 말과 행동을 하는 사람은 법적으로 모욕죄, 폭행죄, 상해죄 등으로 처벌받을 수 있다. 따라서 '화'를 내더라도 품격을 지키며 올바르고 건강하게 표현해야 한다.

게다가 법적인 처벌까지 가지 않더라도 올바르지 못한 화의 표출은 가정이나 이웃, 직장 등 사회의 여러 영역에서 다양한 분쟁과 불화를 일으킬 위험이 크다. 상대와의 관계를 망가뜨리는 것은 물론이고 크고 작은 다툼이나 폭력 행위, 심할 경우 상대의 재산과 생명에 해를 끼치는 끔찍한 결과를 불러일으키기도 한다.

분노는 그 자체로도 강력한 힘을 가지고 있지만 특히 조직의 리더와 같이 자타가 공인하는 '갑'의 지위에 있는 사람의 분노는 조직 전체를 흔들어놓을 만큼 그 힘이 매우 세다. 그렇기에 리더는 날것 그대로의 분노를 분출하기보다는 건강하고 올바른 방식으로 정제해서 품격 있게 표현해야 한다.

"우리 팀장님은 화가 나면 왜 매번 저렇게 우리를 무시하고 모욕감을 주는 말을 하는지 모르겠어요."

"그러게요. 열심히 잘해보자고 하는 말이겠지만 그걸 꼭 소리를 지르며 욕설까지 섞어서 할 필요가 있을까요?"

고도의 경쟁 사회에서 리더의 역할은 조직의 생존과 성과창출을 위해 날이 갈수록 중요해지고 있다. 그런데 이 과정에서 리더 딴에는 카리스마 있게 조직을 이끈다는 것이 직원에게 자칫 강압적이고 폭력적으로 느껴질 수도 있다. 특히 '분노'라는 부정적인 감정이 담긴 리더의 말과 행동이 정제되지 않은 채 무차별적으로 튀어나올 때 직원은 마음의 상처를 받는 것은 물론이고 리더에 대한 불신과 거부감 또한 커진다.

리더의 올바르지 못한 분노 표출에 직원은 부당함을 느껴도 시원스레 따지고 들기는커녕 변명조차 하기 어려울 때가 많다. 그러다 보니 그 상황을 무의식적으로 곱씹으며 리더에 대한 분노를 크고 강하게 키우기 쉽고, 급기야는 복수의 칼날을 갈기까지 한다.

물론 그렇다고 해서 영화에나 나올 법한 대단하고 거창한 복수를 하는 건 아니다. 그저 업무 시간에 딴짓하기, 중요한 보고를 일부러 누락하기, 못 들은 척하기, 모르는 척하기 등 고의성이 있는지 없는지 리더가 긴가민가하며 헷갈릴 정도의 소소한 복수를 할 뿐이다. 하지만 이러한 소소한 복수가 조직 전체에 미치는 영향은 치명적일 수 있고, 그 결과 조직의 성과가 떨어지는 것은 물론이고 심지어는 조직 전체가 흔들리는 위기 상황에 놓일 수도 있다.

나무가 건강하고 아름답게 성장하기 위해서는 바탕이 되는 뿌리가 건강하고 튼튼해야 한다. 제아무리 비싼 영양제를 주고 풍족하게 햇빛을 주어도 뿌리가 건강하지 못하면 나무는 힘을 잃고 병들어간다. 조직도 마찬가지이다. 활기찬 분위기에서 탁월한 성과를 창출하는 건강한 조직은 그 뿌리라고 할 수 있는 조직의 문화와 조직 구성원의 정서가 건강하다.

분노 같은 부정적인 정서를 지혜롭게 관리하는 리더는 조직 구성원에게 심리적 안정감을 주어 조직의 성과에도 긍정적인 영향을 미친다. 반면, 지혜롭지 못하고 부적절한 리더의 감정 표현은 조직 구성원의 마음을 다치게 하고 심리적 불안감 등을 유발함으로써 조직의 분위기를 악화하고 성과에도 부정적 영향을 줄 수 있다.

아무리 좋은 의도라 해도 방법이 나쁘면 왜곡되어 전달되기 마련이다. 리더는 조직의 발전과 성공을 바라며 직원의 열정을 이끌어내고 능력을 키워나가는 과정에서 기대가 충족되지 않으면 화를 내곤 한다. 이때 분노의 감정이 정제되지 않고 그대로 분출되면 그 안에 담긴 메시지가 상대에게 제대로 전해지기 어렵다. 정작 전해야 할 메시지는 온데간데없이 사라지고 거칠고 폭력적인 분노의 감정만 전해지는 것이다.

강의와 코칭을 하며 만난 리더 중에는 의외로 자신의 분노 표현 방법에 대해 이야기하며 스스로 당황해하는 분이 많다. 왜 그런지 모르겠는데 화가 나면 감정이 격해져서 평소와는 달리 거친 말이 나오고 목소리가 점점 커진다는 것이다. 그런데 이는 그가 고약한 리더라서가 아니라 올바르게 화내는 방법을 훈련받은 적이 없기 때문이다.

존경받는 리더, 탁월한 성과를 창출하는 리더는 '분노'라는 통제하기 힘든 감정조차도 품격 있게 표현할 수 있는 강한 내공을 가지고 있다. 물론 이는 선천적인 품성이나 역량이라기보다는 훈련과 노력을 통해 후천적으로 길러지는 힘이다.

이 책에서는 조직에서 리더가 직원에게 부적절한 방식으로 분노를 표출하면 어떤 부정적인 결과가 초래되는지에 대해 살펴보고, 리더의 화가 조직에서 독이 아닌 약으로 쓰이려면 어떠한 방안이 필요한지를 다양하게 소개하고 있다. 많은 리더가 이 책을 통해 화를 지혜롭고 현명하게 표현하고, 나아가 그 감정을 긍정과 발전의 에너지로 활용할 수 있기를 희망한다.

Chapter 2.

조용한 을의 반격이 조직을 뒤흔든다 🖊

Chapter 3.
품격 있는 리더는 웃으면서 화낸다

Chapter 4.
분노는 관리하는 감정이다

Chapter 1.
리더의 분노가 조직을 망친다

퇴사를 부르는
리더의 분노

월요일 아침 피곤하네.

화요일 아침 아무 생각 안 나.

수요일 아침 숨이 막혀.

목요일 아침 그나마 좀 편해.

금요일 아침 완전 기뻐.

제일 행복한 건 바로 토요일 아침.

일요일 아침 벌써 우울해지지.

출근 준비를 하던 남자가 텔레비전에서 흘러나오는 노랫
말에 "완전 내 얘기네"라며 깊은 한숨을 내쉰다.

그리고 남자는 그날 밤, 연이은 야근으로 지친 몸을 전철의 선로로 내던지려 한다. 다행히 친구의 도움으로 아찔한 사고는 피할 수 있었지만 그렇다고 자신을 괴롭히던 근원적인 문제가 사라진 것은 아니었다.

2017년에 개봉한 영화 〈잠깐만 회사 좀 관두고 올게〉의 주인공 다카시는 번번이 취업에 실패하다 가까스로 한 회사에 입사한다. 취업의 기쁨도 잠시, 그는 3개월 동안 150시간이 넘는 야근을 하면서도 수당 한 푼 챙겨 받지 못한다.

수당 없는 야근보다, 탈진해버린 체력보다 더 끔찍한 것은 신입 영업사원을 향한 부장의 무차별적인 폭언과 폭행이었다. 부장은 부서 직원 전체가 보는 가운데 다카시를 모욕하는 폭언은 물론이고 물리적인 폭행도 서슴지 않았다. 견디다 못한 다카시는 퇴근길 전철의 선로에서, 회사 옥상의 난간 위에서 문득문득 죽음을 생각하게 된다.

잠깐만 회사 좀 관두고 올게

'직장인이라면 누구나 가슴에 사표 하나쯤은 품고 산다'라는 말이 있다. 실제로 직장인 가운데 책상 속 깊숙한 곳에 미리 사표를 숨겨둔 이도 적지 않을 테다. 극심한 실업률, 낙타가 바늘구멍에 들어가는 것에 비유되는 심각한 취업난 속에서 참으로 아이러니한 일이 아닐 수 없다. 게다가 오랜 도전에도 불구하고 여전히 취업 관문을 통과하지 못한 취준생 입장에서는 호강에 겨운 철없는 투정으로 들릴 뿐이다.

그렇다면 하루가 멀다 하고 리더로부터 '멍청이, 이 자식, 헛소리 지껄인다, 글러먹었다, 사람 구실 못한다, 패배자, 너 같은 놈' 등등의 폭언을 듣는다면 어떨 것 같은가. 영화 〈잠깐만 회사 좀 관두고 올게〉에서는 한 부서의 최고 리더인 부장의 입에서 직원의 마음과 정신에 상처를 내는, 이 같은 폭력적인 말이 서슴없이 튀어나온다. 어디 그뿐인가. 걸핏하면 직원을 향해 물건을 집어던지고, 넥타이를 끌어당겨 목을 죄고, 다리를 걸어차기도 한다.

물론 부장에겐 나름의 이유가 있었다. 영업사원인 다카시가 회사에 보탬은커녕 피해만 준다는 생각에 시도 때도 없이 분노가 치밀어 그것을 자신만의 방식으로 표출한 것이다. 이런 리더의 마구잡이식 분노 표출이 부하직원으로 하여금 가슴속에 품고 있던 사표를 꺼내게 한다는 생각은 하지 못한 채 말이다. 리더의 폭언과 폭행에 죽음까지 생각하던 주인공 역시 결국엔 퇴사를 결심하고 과감히 사표를 내던진다.

온라인 채용 포털 서비스 업체인 인크루트가 2019년에 직장인 1,206명을 대상으로 한 설문조사에서 응답자의 91%가 퇴사 고민을 했다고 밝혔다. 그리고 퇴사를 고민한 이들의 13%가 그 이유로 '리더'를 꼽았다. 리더의 갑질과 폭언, 경영진에 대한 불신과 분노 등이 가슴속의 사표를 꺼내 들게 만든다는 것이다. 간절히 바라던 취업이었지만 막상 그 속에 들어가서 리더의 갑질 분노를 견디며 지옥과도 같은 하루하루를 보내다 보니 저도 모르게 퇴사를 갈망하게 되는 아이러니한 상황이 벌어지는 것이다.

이처럼 적지 않은 직장인이 리더와의 관계 때문에 괴로워하며 퇴사를 진지하게 고민하지만 정작 이 영화의 제목처럼 "잠깐만 회사 좀 관두고 올게"라고 '쏘쿨'하게 말할 수 있는 사람은 그리 많지 않다. 다시 취업을 위해 끝없는 두드림을 해야 할 미래가 두렵고, 운 좋게 재취업이 된다고 해도 또다시 버럭 성질의 갑질 리더를 만나지 말란 법도 없기 때문이다.

취업만 하면 불행이 끝나고 행복한 시간만이 펼쳐질 것 같았던 예상과 달리 실제 취업 후엔 또 다른 어려움에 직면하는 경우가 많다. 업무로 인한 긴장과 스트레스는 물론 리더와의 이런저런 갈등에서도 자유로울 수 없다. 심지어는 영화에서처럼 리더의 폭언과 폭행에 괴로워하며 '사표' 그 이상의 탈출구를 찾는 사람도 없지 않다. 자존심은 물론이고 자존감까지 바닥으로 떨어져 자신의 존재 이유에 대해 깊은 회의를 느끼게 되는 것이다.

가슴속에 준비한 사표를 하루에도 몇 번씩 떠올리지만 결국 이러지도 저러지도 못하는 을의 번민은 급기야 영화 속 주인공처럼 극단적인 선택으로 치닫기도 한다. 매년 뉴스에선 리더의 폭언과 폭력 등 직장 내 괴롭힘으로 자살을 선택한 이의 이야기가 들려온다. 철밥통이라 불리는 안정적인 공기업에 입사한 지 열흘도 안 된 신입사원, 도청에 근무하는 공무원, 환자를 간호하는 간호사, 사회 정의를 실현하는 경찰관 등 우리 사회의 다양한 영역에서 적지 않은 사람이 폭언, 폭력, 모욕감 등 리더의 괴롭힘을 이유로 극단적인 선택을 했다. 심지어 2019년 5월에는 자살예방센터에 근무하던 직원이 리더의 모욕적인 발언과 폭언에 시달리다 결국 자살 시도를 한 일까지 있었다. 다행히 친척의 발 빠른 신고로 생명은 건졌지만, 정신과 진료를 받아야 할 만큼 마음에는 깊은 상처가 남았다.

자살 예방을 위해 근무하던 사회복지사가 오죽했으면 그런 극단적인 선택을 했을까 하는 안타까움과 함께 리더의 갑질 횡포에 대한 사회적 차원에서의 진지한 고민과 근원적인 대책이 필요함을 새삼 느끼게 된다.

직원이 떠나는 조직은 리더부터 점검해야 한다

많은 기업이 '우리 회사 최고의 자원은 직원'이라고 말하지만 정작 직원을 최고의 자원으로 대우해주는 기업은 많지 않다. 어렵사리 입사한 회사에서 나를 최고의 자원으로 인정하고 대우해준다면 퇴사를 고민하는 직원의 비율이 91%라는 높은 수치를 기록할 수는 없을 것이다.

물론 질병이나 이사, 창업과 같은 일신상의 사유를 비롯해 회사의 처우와는 전혀 무관한 이유로 퇴사를 결정하는 직원도 있을 테다. 하지만 상당수는 어떤 이유에서든 회사에 불만을 느끼기 때문에 어렵사리 통과했던 바늘구멍을 찢고 과감하게 그곳을 탈출하려는 것이다.

2019년, 구인구직 매칭플랫폼 사람인이 576개 기업의 '퇴사율 현황'을 조사했다. 그 결과, 해당 기업들의 최근 1년간 평균 퇴사율은 17.9%였다. 이 중 입사 1년 차 이하가 48.6%로 가장 높았고, 2년 차 이하(21.7%), 3년 차 이하(14.6%)가 그 뒤를 따랐다. 리더들의 흔한 불만인, "가르쳐서 어느 정도 일 좀 한다 싶으면 회사를 관둬버린다"라는 말처럼 전체 직원 중 신입 평사원의 퇴사율이 제일 높았다.

퇴사자들은 이직, 업무 불만, 연봉 불만 등의 다양한 이유로 퇴사를 했다고 답했는데, 그중 리더와의 갈등 때문에 퇴사를 결심했다는 응답도 14.6%에 달했다. 타 회사로의 이직을 막고 만족할 만한 업무를 부여하고 연봉을 올려주는 것은 회사 차원에서 개선하고 협의해야 할 문제이기에 상대적으로 많은 시간과 노력이 소요된다. 이에 비해 리더와의 갈등은 당사자 간의 작은 이해와 노력으로도 충분히 개선될 여지가 있는 부분이다. 특히 지위 관계에서 우위에 있는 리더의 이해와 배려가 갈등 해소에 큰 역할을 할 수 있다.

직원의 퇴사는 회사 차원에서 큰 손실이 아닐 수 없다. 남아 있는 직원들의 사기가 저하되고 업무에 차질이 생기는 것은 물론이고 대체인력 채용을 위한 비용, 신규채용 직원의 교육비 등 비

22

용적인 측면에서도 적지 않은 손실이 생긴다. 이렇게 겉으로 드러나는 손실만이 아니다. 중소기업이라면 대기업의 협력사 평가를 받을 때 직원의 퇴사율도 평점에 큰 영향을 미친다.

직원의 퇴사는 조직의 리더에게도 치명적인 손실을 입힌다. 부서장, 팀장 등 리더의 인사평가에서 빠지지 않는 주요항목 중 하나가 조직원의 퇴사율이다. 이때 퇴사율이 높으면 리더로서의 자질 측면에서 낮은 점수를 받는다. 게다가 업무성과 등 다른 항목에서 높은 점수를 받아도 퇴사율이 높은 팀이나 부서라면 리더가 조직을 잘 이끌지 못했다는 평가를 받을 수 있다.

물론 이러한 인사평가나 비용의 손실을 따지기 이전에 리더의 말과 행동이 조직원에게 폭력과도 같은 강한 고통으로 여겨진다면 분명 어떤 식으로든 개선되어야 할 문제이다. '때린 사람은 몰라도 맞은 사람은 안다'라는 말처럼 순간적인 화를 참지 못하고 했던 말이나 행동은 화가 가라앉은 다음엔 언제 그랬냐는 듯이 잊힐지 모른다. 그런데 정작 그 감정을 온몸으로 고스란히 받아내야 했던 부하직원에게는 퇴사를 고민해야 할 만큼의 깊은 상처로 와닿을 수 있다.

2018년 국가인권위원회의 발표에 따르면, 직장인 열 명 가운데 일곱 명이 '직장 갑질'을 경험했고, 같은 공간 내에서 근무하는 리더를 가해자로 꼽은 사람이 절반 가까이나 됐다. 이처럼 리더의 정제되지 못한 말과 행동은 한 사람의 마음과 정신은 물론 인생까지 망칠 위험이 있다. 게다가 이는 특정 개인의 피해로 그치지 않고 조직과 회사 전체, 나아가 사회 전체에 부정적인 영향을 미칠 수 있다.

안타깝게도 강의와 코칭 등을 위해 현장에서 직접 리더들을 만나 보면 이러한 문제를 잘 인식하지 못하고 있는 경우가 많다. 나의 리더가 내게 그랬듯이 나 역시 리더로서의 권위와 힘을 보이는 것일 뿐, 폭력이나 폭언이 결코 아니라는 것이다. 그러나 고의성이 없었다고 해서 결과에서 자유로울 수는 없다. 애초의 의도가 어떠했든 나의 말과 행동의 결과가 상대에게 고통과 상처가 된다면 그것은 분명 '나'로부터 수정되고 개선되어야 한다. 특히 분노와 같은 파괴력이 큰 감정은 최대한 내 안에서 둥글고 폭신하게 만든 뒤에 밖으로 꺼내야 한다. 그래야지만 그것이 상대에게 고통이 아닌 소통을 위한 메시지로 전해질 수 있다.

화가 나는 건 당연하다

"화내면 나쁜 사람이야."

"화내지 마."

당연한 듯 들리는 이 말을 한 번이라도 의심해본 적이 있는 가. 마음속엔 이미 '화(火)'라는 불덩이가 이글거리는데 그걸 꺼내면 나쁜 사람이라며 안에 담아두기만을 강요하는 이 말은, "사랑하면 안 돼, 사랑하면 나쁜 사람이야"라는 말만큼이나 황당한 요구이다.

기쁨, 즐거움, 설렘, 사랑, 행복감, 안정감, 슬픔, 미움, 절망감, 분노, 두려움, 우울감 등 인간이 느끼는 감정은 매우 다양하다. 이런 감정은 크게 기쁨, 즐거움, 사랑, 설렘 등과 같은 긍정적인 감정과 슬픔, 절망감, 분노 등과 같은 부정적인 감정으로 나뉜다.

감정에 있어 옳고 그름은 없다. 긍정적인 감정이든, 부정적인 감정이든 모든 감정은 정상이며, 건강하다. 그럼에도 개중에는 자신의 감정을 겉으로 드러내어 표현하기를 꺼리는 사람이 있다. 특히 슬픔, 절망감, 분노와 같은 부정적인 감정을 표현하는 것을 나쁘다, 못났다고 치부하며 속으로 삭이려는 이도 있다. 감정 표현은 지극히 자연스러운 일임에도 부정적인 감정은 겉으로 드러내면 안 되는, 나쁜 감정이라는 인식이 강하기 때문이다.

쌓아둔 화가 화병을 부른다

"난 우리 부장님이 화내는 걸 본 적이 없어요."

"그래요? 인품이 정말 훌륭한 분인 모양이네요."

흔히들 화내지 않는 사람은 착한 사람, 인품이 훌륭한 사람이라고 생각한다. 그런데 화를 내지 않는다는 게 과연 가능할까? 매번 약속을 지키지 않아 팀을 곤경에 빠뜨리는 직원에게, 업무에 주의를 기울이지 않아 수시로 실수를 하며 조직에 피해를 주는 직원에게 어떻게 화가 나지 않을 수 있겠는가. 팀이나 회사 일을 나와는 별개의 것으로 여기며 시간만 죽이다가 월급이나 챙겨가려는 '월급 루팡' 직원에게 어떻게 분노하지 않을 수 있겠는가. 부당한 일, 억울하고 분한 일을 당하고도 화내지 않는 사람의 마음을 과연 건강하다고 할 수 있을까?

머리부터 발끝까지, 우리 몸의 구석구석을 돌며 산소와 영양분을 공급하는 혈액의 순환에 문제가 생기면 몸 여기저기에 이상 증세가 나타난다. 만성 피로에 시달리고, 다양한 신체기관의 기능이 저하되며, 면역력이 떨어져 질병에 걸릴 위험도 증가한다. 심하면 뇌졸중이나 심장마비 같은 치명적인 상황을 맞기도 한다.

혈액이 막힘없이 원활하게 흘러가야 몸이 건강해지듯이 감정도 막힘없이 흘러야 마음이 건강해진다. 감정은 표현을 억누를수록 깊어지고, 그렇게 깊어진 감정은 마음의 흐름을 방해한다. 사람의 다양한 감정 가운데 가장 아름답다고 여겨지는 사랑의 감정도 겉으로 드러내지 못하고 속에만 품고 있으면 '상사병' 같은 병이 된다. 하물며 분노 같은 부정적인 감정은 오죽할까. 가슴에서는 분노가 활활 끓어오르는데 그것을 겉으로 표현할 수 없어, 안으로 꾹꾹 눌러놓는다면 그 불덩이는 결국 나 자신을 고통스럽게 한다.

회사에서 사람 좋기로 유명한 김 대리는 팀의 리더인 박 팀장으로부터 멸시와 폭언에 시달리면서도 결코 화를 내지 않았다. 화를 내는 것은 나쁜 행동이고, 화를 내는 사람은 나쁜 사람이라는 생각이 강하기 때문이다.

"김 대리, 넌 이걸 기획서라고 써왔어? 너 지방대 나왔다고 했지? 그러니까 네 수준이 딱 그 정도인 거야. 지방대 나온 너한테 내가 뭘 바랄까! 이런 널 낳고도 기뻐하셨을 너희 부모님이 참 불쌍하다."

"죄송합니다, 정말 죄송합니다. 다시 수정하겠습니다."

자신은 물론이고 부모님까지 들먹이며 인격을 모독하는 박 팀장의 폭언에도 김 대리는 연신 고개를 조아리며 죄송하다는 말만 했다.

"에잇! 머리가 나쁘면 열심히라도 하든지!"

박 팀장은 김 대리의 얼굴을 향해 기획서를 집어던지곤 문을 박차고 나갔다.

"어휴, 진짜 저 인간을 그냥 확!"

"우리 순둥이 김 대리니까 그냥 참지, 나 같으면 벌써 사표 내걸고 맞짱 떴다!"

박 팀장이 저만치 멀어져가는 것을 확인한 팀원들은 허공에 주먹까지 날리며 너나없이 분노를 표현했다. 그러나 정작 화를 내야 할 당사자인 김 대리는 축 늘어진 어깨로 기획서만 쳐다볼 뿐 별다른 말이 없었다.

"아무리 순둥이라도 그렇지, 팀장이 저렇게까지 하는데 김 대리는 화도 안 나요?"

"화가 나다니요. 당치도 않아요. 제가 일을 잘 못하니까 그러시는 건데…"

"에휴, 팀장 없을 때라도 욕 좀 하면서 화도 내봐요. 그러면서 마음 다독이는 거죠."

"헤헤, 아니에요. 저 화 안 나요."

속은 불덩이로 뜨겁게 타오르지만 김 대리는 여전히 사람 좋은 얼굴로 헤헤거리며 웃었다. 그러고는 언제 그랬냐는 듯이 다시 일에 열중했다.

"저건 아닌데…"

아무리 직장 내 리더와 부하직원이 암묵적인 갑을관계라지만, 보이지 않는 곳에서까지 을의 자세가 되어 분노를 억누르고 있는 김 대리의 모습이 동료들 눈에는 안쓰러워 보이는 것을 넘어 위험해 보이기까지 했다.

화, 즉 분노의 감정은 기쁨이나 즐거움의 감정과 같은, 우리가 일상에서 느끼는 너무나 자연스러운 감정 가운데 하나이다. 그리고 남녀노소, 인종이나 국적을 불문하고 전 세계 인류가 느끼는 보편적인 감정이다. 그런데 부정적인 감정이라는 이유만으로 표현을 억압한다면 마음속 화가 줄어들기는커녕 더욱 단단해지고 강해진다. 그리고 분노의 공격성과 파괴력이 내부로 향해 나의 마음을 병들게 한다. 그게 바로 '화병(火病)'이다.

화병은 놀랍게도 세계에서 유일하게 우리나라에만 있는 병으로, 국제질병분류 편람에도 한국어 발음 그대로 'Whabyung'으로 표기돼 있다. 1996년에 미국정신의학회는 화병을 우리나라에만 있는 고유의 질병으로 등록하며, '한국민속증후군의 하나인 분노증후군(anger syndrome)'으로 설명했다. 그리고 '화병은 분노의 억제로 인해 발생한다'라는 설명도 덧붙였다.

화병은 화가 난 마음을 제대로 관리하고 다스리지 못해 생기는 마음의 병이지만, 그 증세는 신체에 고스란히 드러난다. 가슴이 답답하다 못해 바윗덩이가 매달린 것처럼 꽉 막힌 느낌이 들고, 전신 결림, 두통과 소화불량, 불면증, 느닷없는 불안감, 변비와 설사 등 신체 곳곳에서 이상 증세가 나타난다. 게다가 화병이 만성이 되면 혈압, 심혈관, 혈당 등에 문제가 생기는 심각한 합병증도 발생할 수 있다.

화병은 우리나라 인구의 4% 이상이 앓고 있는 흔한 질병으로 특히 중년 이후의 여성에게서 많이 나타난다. 암탉이 울면 집안이 망하고, 여자의 웃음소리는 담장을 넘어서는 안 된다는 유교적 사고관 아래, 오랜 세월 여성들이 자신의 감정을 억누르며 살았던 탓이다.

요즘은 여성뿐 아니라 남성도 화병 증세를 많이들 호소한다. 오랜 경기침체로 직장에서의 입지가 갈수록 불안해지고, 심지어 실직과 사업 실패의 공포까지 늘 안고 살다 보니 화나는 일이 있어도 감정을 억누르고 눈치를 보며 비위를 맞춰야 할 때가 많아진 탓이다. 여기에 남자로서, 가장으로서의 자존심까지 겹치니 자신의 고통을 타인에게 터놓기조차 쉽지 않아 화가 안으로 차곡차곡 누적되는 것이다.

분노의 감정은 마냥 참는 것이 미덕이 아니다. 분노는 누적되면 우리 몸과 마음을 아프게 하며 병에까지 이르게 하는 감정이기에 그때그때 내 안에서 빼내야 한다. 분노를 누구나 느낄 수 있는 당연한 감정으로 인정하고 건강하고 지혜롭게 표현하면서 다스려야 한다. 그래야만 나도 건강하고 내 주위 사람들도 나와 편안하고 건강한 관계를 맺을 수 있다.

출구가 막힌 분노는 슈퍼 분노가 된다

영국의 시인이자 평론가인 존 드라이든(John Dryden)은 "참을성 있는 사람의 분노 폭발을 조심하라"고 했다. 어지간해서는 화내지 않는 사람이 한번 화를 내면 무섭게 폭발하기 때문인데, 분노는 그 자체로도 공격적이고 파괴적인 부정적 감정이지만 계속해서 쌓인 분노는 그 위력이 상상을 넘어선다.

출구를 찾지 못해 내 안에 차곡차곡 누적된 분노는 나를 아프게 하는 것은 물론이고 외부로 폭발해 타인을 공격하기도 한다. 마치 압력밥솥 속의 증기 같다. 외부로 밀어내는 힘이 강해져서 살짝만 틈이 생겨도 폭발적으로 튕겨져 나오는 것이다.

웬만해선 화내는 일이 없는, 유순하기 그지없는 최 과장이지만 어쩐 이유에선지 동료들은 그와 가까이하길 꺼린다. 특히 회식 자리에 가면 그와 멀찍이 떨어져 앉거나 아예 핑계를 대고 불참을 하기도 한다.

"이 봐요, 윤 대리. 당신 내가 맘에 안 들지? 그래도 내가 당신 리더야. 이 대리 당신도 나 안 좋아하지? 근데 나도 당신들 안 좋아해."

회식이 시작된 지 30분도 채 지나지 않아 술이 거나하게 취한 최 과장은 한 명씩 돌아가며 팀원들에게 서운한 마음을 표현했다. 게다가 상대가 답을 하지 않으면 않는 대로, 하면 하는 대로 꼬투리를 잡으며 시비를 걸고, 급기야 폭력적인 말과 행동까지 서슴지 않았다.

"야! 너희가 잘났으면 얼마나 잘났냐? 한주먹 거리도 안 되는 것들이 까불고 있어!"

"최 과장, 술 많이 마신 것 같은데 그만 일어나지."

"팀장님도 그러는 거 아니에요. 지난주에 있었던 그 일은 제 실수가 아닌데 왜 저를 쥐 잡듯이 잡았어요? 제가 그렇게 만만해 보여요? 가만히 있으니 가마니로 보이느냐구요!"

한번 터져 나온 최 과장의 분노는 브레이크가 고장 난 자동차처럼 직위를 가리지 않고 거침없이 질주했다. 더욱 황당한 것은 다음 날이 되면 언제 그랬냐는 듯이 순한 양의 모습으로 돌아간다는 사실이다. 이런 일이 반복되자 함께 일하는 팀원들 사이에서 최 과장은 기피 대상 1호로 꼽히게 되었다.

평소 유순하던 사람이 술만 마시면 전혀 딴판으로 돌변하는 경우가 있다. 별것 아닌 말이나 행동에 예민해지고 급기야 폭력적이고 파괴적인 성향으로 변하는 것이다. 대부분은 이를 개인적인 술버릇 정도로 생각하지만 좀 더 근원적인 원인을 찾아보면 평소 분노의 감정을 겉으로 표현하며 잘 흘려보내지 못한 탓이 크다. 술이 이성적인 통제력을 약화하는 틈을 타서 꾹꾹 눌러뒀던 분노의 감정이 폭발적으로 분출되는 것이다.

사랑하는 사람에게 "당신을 정말 사랑해. 당신 없는 세상은 상상할 수가 없어"라고 사랑의 감정을 솔직하게 전달하듯이 화가 났을 때도 내가 지금 화가 났다는 사실을 상대에게 전해야 한다. 그래야 상대에게서 진심 어린 사과를 받든, 화의 원인이 된 문제를 개선하든 긍정적인 변화를 이끌 수 있다. 만약 상대가 그런 감정을 표현하기가 쉽지 않은 사람이라면 하다못해 믿을 만한 사람에게 그에 대한 험담이라도 늘어놓으며 내 안의 분노를 조금은 가볍게 만들어야 한다.

한편 특정 개인이나 특정 상황에 대한 누적된 분노는 '증오'의 감정이 되어 가히 상상할 수 없는 수준의 슈퍼 분노가 되기도 한다. 말 그대로 뼛속 깊이 박힌 분노가 되는 것이다. 이럴 때는 술이라는 감정의 기폭제 없이도 파괴적이고 폭력적인 행동이 일순간 물불을 가리지 않고 튀어나오기도 한다.

압력조절 밸브가 고장 나 증기가 빠지지 않는 압력밥솥처럼 출구가 막힌 분노는 걷잡을 수 없는 슈퍼 분노가 되어 나와 타인을 모두 공격한다. 나와 주위 사람 모두에게 불행한 일이 아닐 수 없다. 고인 물은 썩고 흐르는 물은 더 깨끗이 정화되듯이 감정도 머물지 않고 잘 흘러야 더 건강한 몸과 마음 그리고 더 건강한 타인과의 관계에 도움이 된다. 그러니 분노를 부정적인 감정이라 여기며 무조건 억누를 것이 아니라 그때그때 표현하되, 나와 타인 모두에게 큰 해가 되지 않는 지혜로운 표현 방법을 찾고 훈련할 필요가 있다.

Danger가 된 Anger

'위험(Danger)에서 한 치 모자라는 것이 화(Anger)'라는 미국 속담
이 있다. 화는 그것을 다스리지 못하면 한 걸음만 더 나아가도 자
신은 물론 주위 사람까지 모두 위험에 빠뜨릴 수 있는 파괴적인 감
정이다.

2016년, 국내 대기업의 시설팀에 근무하던 59세 K 씨가 10년의 세
월을 함께한 동료를 둔기를 휘둘러 숨지게 하고 또 다른 한 명에게
는 부상을 입힌 사건이 있었다. 범행 직후 K 씨는 회사 건물 옥상에
서 뛰어내려 스스로 목숨을 끊었다. 회사 CCTV에 찍힌 영상으로
판단할 때 K 씨의 범행이 우발적이라 판단하기 어려운 점 등을 미루
어 전문가들은 직장 내 갈등이 빚은 참극이 아닌가 추정했다.

10년이 넘는 긴 시간 동안 함께 일을 하다 보면 정 못지않게 상대에
대한 불만과 분노가 쌓일 수 있다. 당연한 일이다. 그러나 그것을 그
때그때 지혜롭게 풀어내지 못하고 계속 쌓아가기만 하면 결국 일정
수위를 넘어서 화가 위험으로 치닫게 된다.

✎ 팀장님, 오늘도 '분노' 하셨어요?

A-side

석 달 전, 작지만 내실 있는 회사의 마케팅팀에 입사한 찬우 씨는 맡은 업무에 재미를 느끼며 의욕적으로 일하고 있다. 입사 동기들과 마음이 잘 맞고, 사수인 최 대리와도 원만하게 지내고 있다. 그런 찬우 씨는 요즘 심각하게 입사를 후회하고 있다. 마케팅팀의 수장인 조 팀장 때문이다.

"거기 전화 좀 안 받아? 시끄러워서 일을 못 하겠네!"

"중요한 서류 아니면 인쇄할 때 이면지 활용하란 말 못 들었어? 내 돈 안 나간다고 그렇게 살면 안 돼!"

"일도 좋지만 자기 자리 정리도 좀 하고 삽시다! 바닥에 떨어진 휴지가 벌써 몇 시간째 저러고 있는지 몰라, 어휴!"

조 팀장은 걸핏하면 버럭대며 직원들에게 잔소리를 늘어놨다. 업무 관련 잔소리라면 감내하겠지만, 업무와는 전혀 상관없는 일로 트집을 잡고 화를 내니 가끔은 찬우 씨의 분노 게이지도 한계에 달한다.

B-side

작은 광고기획사에서 마케팅팀을 이끄는 조 팀장은 몇 달 전 신입사원들이 들어오면서 화낼 일이 부쩍 많아졌다. 업무적인 미숙함이야 당연한 일이라 생각하며 가르치고 또 가르치면 점점 나아지리라는 기대로 기다리는 중이다. 정작 화나는 일은 따로 있었다. 사회생활의 기본이라 생각하는 배려, 솔선수범, 존중 등의 태도가 도통 보이질 않았다.

사무실 빈자리의 전화벨이 시끄럽게 울려대도 대신 전화를 받아주는 이가 없다. 사무실 휴지통이 가득 차도 나서서 치우는 사람이 없고, 심지어 자기 책상 주위에 떨어진 휴지도 내가 버리지 않았다는 이유로 몇 시간째 그냥 방치한다.

참다못해 화를 내면 그제야 눈치를 보며 슬슬 움직이지만 그것도 그때 반짝뿐이다. 다음에 비슷한 상황이 벌어지면 여전히 자신과는 무관한 일이라는 듯이 제 할 일만 하고 앉아 있다. 그럴 때마다 매번 비슷한 잔소리를 해야 하니 마치 소 귀에 경을 읽는 듯한 답답함이 느껴지고 급기야는 화가 치밀 어 올라 소리를 지르게 되는 것이다.

우리는 왜 분노하는가?

앞선 두 사례에 등장하는 신입사원 찬우 씨와 조 팀장은 사실 같은 팀에서 근무하는 인물이다. 찬우 씨 입장에서 보면 조 팀장 은 폭언을 남발하는 중증 꼰대 리더고, 조 팀장 입장에서 찬우 씨 는 기본도 전혀 갖추지 못한 무개념 신입사원이다. 이처럼 같은 상황이라도 입장에 따라 정반대의 해석이 나올 수 있다.

한 여자 바보가 있었다. 이 바보는 병을 앓아서 눈이 보이지 않게 되었 지만 자기가 맹인이 되었음을 깨닫지 못했다. 그래서 어디를 가더라 도 도처에 산재해 있는 것이 자기를 방해하고, 끊임없이 자기에게 부 딪쳐오는 것에 화가 치밀었다.

그 여자는 자기가 그 물건들에 부딪히는 것이 아니라 그것들이 자기에게 부딪치는 것이라고 생각한 것이다.

출처 : 〈인생이란 무엇인가 2-사랑〉 레프 니콜라예비치 톨스토이 지음, 김근식 옮김, 동서문화동판

톨스토이의 저서 《인생이란 무엇인가 2-사랑》의 한 구절이다. 사람들은 모두 자기만의 시선으로 세상을 본다. 그래서 자신과 다른 타인의 시선을 알아채지 못하고 늘 이리저리 부딪힌다. 그리고 글귀 속 여자처럼 모두 맹인이 되어 자신과 부딪히는, 자신과 다른 생각을 하고 다른 가치관을 지닌 사람들에게 분노한다.

조직 내에서 타인의 어떤 행동이나 상황에 대해 발생하는 분노의 상당 부분은 나와 상대의 '다름'을 알지 못하고 인정하지 못하는 데서 온다. 사람은 생김새만큼이나 각양각색의 생각과 가치관을 가지고 살아간다. 그런데 우리는 종종 타인도 나와 같은 생각을 하고 같은 가치관을 가졌다 착각하며 나의 기준으로 타인의 말과 행동을 판단한다. 그리고 나의 예측이나 기대에서 어긋나면 상대를 나와 '다른' 존재가 아닌 '틀린' 존재로 규정하며 실망하고 분노한다.

앞선 사례의 찬우 씨 경우, 자신이 생각하는 이상적인 리더상이 있을 것이다. 예컨대 부하직원을 따뜻하게 포용하고 솔선수범

하며 근엄하고 자상한 이미지의 리더를 바랐을 수 있다. 그런데 막상 입사를 하고 보니 사사건건 잔소리하며 화를 내는 리더를 만났고, 큰 실망감과 함께 상대의 태도에 화가 치밀어 오르는 것이다.

조 팀장은 또 어떤가. 평소 함께할 직원에 대해 기대하는 바가 있었을 테다. 예를 들면 정리 정돈을 잘하고 솔선수범하며 타인을 배려할 줄 알며 예의 바른 사람이길 기대했을 수 있다. 그런데 신입사원들의 태도는 자신의 기대와는 정반대로 너무나 개인주의적인 모습으로 느껴졌다. 기대가 무너지면서 조 팀장은 신입사원들에게 분노를 느끼고, 그것을 잔소리를 늘어놓거나 크게 소리를 지르는 것으로 표현한 것이다.

동일한 상황을 서로 다른 시각으로 해석한, 동상이몽 같은 앞의 사례에서 알 수 있듯이 조직 내에서의 분노는 대부분 타인과의 관계에서 발생한다. 그리고 어느 한쪽의 일방적인 잘못보다는 나의 시선으로 상대를 볼 때 발생하는 '차이'에 의해 생겨날 때가 많다. 조 팀장은 신입사원들이 업무적인 능숙함보다는 존중과 배려, 솔선수범 같은, 더불어 사는 사람들 간의 기본적인 태도부터 먼저 갖추기를 기대한다. 이에 반해 신입사원들은 최대한 빨리 업무적인 능숙함을 갖춰 조직에 도움이 되는 사람이 되기를 희망한다.

이러한 차이를 알고, 상대를 향한 나의 기대가 이기적인 바람임을 인정한다면 조직에서 화낼 일은 크게 줄어들 수 있다. 누구는 옳고 누구는 그르다는 평면적인 잣대가 아닌, 차이와 다양성을 인정하는 입체적인 마음을 갖춤으로써 내 안에 분노의 불씨가 생겨나지 않게 예방할 수 있다.

왜 팀장은 더 자주, 더 크게 분노하는가?

피 한 방울 섞이지 않은 타인과 하루 여덟 시간 이상을 함께하며 공동의 목표를 향해 나아가기란 생각만큼 쉽지 않다. 그래서 나와 다른 생각을 맞닥뜨렸을 때, 기대에 못 미치는 결과가 나왔을 때, 부당한 대우를 당했을 때 등 여러 상황에서 화가 날 수 있다. 이는 너무나 당연한 일이다. 그리고 화가 났을 때 화를 겉으로 표현하는 것 역시 무척이나 건강한 현상이다. 그런데 조직에서는 팀원보다 팀장이 유독 더 자주 화를 겉으로 드러내어 표현한다. 왜 팀장은 팀원들보다 훨씬 더 자주, 더 크게 화를 내는 것일까?

최근 급격한 기술발달에 따른 치열한 경쟁환경에서 기업은 발전에 앞서 생존부터 고민해야 하는 상황을 맞았다. 이에 조직은 생존 가능성을 높이고 전략적으로 일을 수행하기 위해 조직 구성원에게 빠르고 민첩한 업무 처리 능력을 요구하게 되었다. 의사결정과 선택에 따른 책임은 물론이고 성과창출까지 책임져야 하는 리더는 다양한 사건에 분노할 일이 많다. 그리고 분노를 표현함으로써 그 문제가 성공적으로 해결되리라고 기대하기도 한다. 이른바 채찍을 휘두름으로써 팀을 전진시킬 수 있다고 믿는 것이다.

이러한 업무적인 열정과 스트레스 외에도 리더라는 지위가 부여하는 '화낼 수 있는 권력' 또한 리더의 화를 부르는 원인으로 작용한다. 연구 결과에 의하면, 분노를 표출할 가능성은 조직 내에서 지위가 낮을수록 작고 지위가 높을수록 크다. 인간은 누구나 자신의 감정을 표현할 자유를 가지고 있고, 분노라고 해서 예외일 순 없다. 하지만 조직에서는 이러한 자유조차도 위계에 따라 차등적으로 부여된다. 그리고 리더와 같이 높은 지위에 있는 사람은 이러한 자유를 마치 권리처럼 인식하기도 한다.

실제로 조직 내 분노와 관련한 코칭을 하면서 "팀원들이 리더인 내게 왜 자꾸 화를 내는지 모르겠다"라는 내용보다는 "우리 팀장은 왜 자꾸 나에게 화를 내는지 모르겠다"라며 울분을 터뜨리는 내용을 훨씬 더 많이 접했다.

더군다나 리더는 본인이 '화낼 수 있는 권력'을 부여받았다는 생각에 본인의 감정을 잘못된 방식으로 여과 없이 조직 구성원에게 표출할 가능성이 크다. 그리고 이렇듯 정제되지 못하고 표출된 리더의 분노는 조직 구성원의 마음을 다치게 할 뿐만 아니라 다양한 방식으로 저항심을 일으킬 수 있다. 또한 리더의 분노는 당사자 외에 제3자에게 쉽게 노출되고, 전체 분위기를 가라앉히거나 업무 집중도를 떨어뜨리는 등 조직문화에 좋지 않은 영향을 줄 수 있다. 따라서 스스로 분노를 다스리고 정제하여 표현하려 노력해야 하며, 필요하다면 조직 차원에서 리더와 구성원들의 분노 관리가 이루어져야 한다.

분노, 표출하기 이전에 일단 다스려보자

화나는 상황에서 화를 내는 것은 당연하다. 차곡차곡 내 안에 화를 쌓아두다가 갑자기 폭발시키는 것보다 훨씬 더 건강한 일이다. 물론 앞서 말했듯이 화를 정제하거나 다스리지 않은 채 직설적으로 표출하면 부정적인 결과를 낳을 위험이 크기에 최대한 다스리고 정제해서 표출해야 한다.

내 안의 분노를 가다듬지 않은 채 날것 그대로 분출하는 것도 문제지만 조금만 다스리고 토닥여도 사라질 화를 그 어떤 노력도 없이 그대로 키워서 분출하는 것 역시 큰 문제이다. 특히 누가 봐도 '왜 저런 일로 화를 내지?'라며 의아해할 정도로, 특별히 화를 낼 만한 일도 아닌데 화를 낸다면 화내는 당사자는 물론이고 화를 받아들이는 상대의 정신건강도 큰 해를 입는다.

분노가 신경정신학이나 심리학 등의 의학적인 접근이 필요한 지점에 뿌리를 두고 있다면 전문가의 도움을 받는 것이 바람직하다. 그러나 특정한 사건이나 현상 때문에 발생한 분노라면 평소 '마음 다스리기'를 꾸준히 하는 것만으로도 분노를 완화하고, 슬기롭게 표현하는 데 큰 도움을 받을 수 있다.

분노를 조절하고, 지혜롭게 표현하기에 앞서 나의 마음부터 고쳐먹으면 화낼 일이 많이 줄어든다. 특히 조직에서는 각자에게 주어진 업무 외에 '당연히' 해야 하는 일이란 없다. 회식에 불참한다고 해서 미운털을 박아놓을 게 아니라 회식에 참여하는 직원들에게 감사해하며 예쁜 깃털을 장식해주는 것이 좋다.

앞선 사례에서 신입사원인 찬우 씨와 팀의 리더인 조 팀장이 서로에게 분노하지 않으려면 상대에게 뭔가를 기대하는 마음부터 내려놓아야 한다. 타인의 마음과 행동이 나와 같지 않아서, 기대가 채워지지 않은 실망감에 화가 나는 경우라면 무엇보다 '타인은 결코 나와 같을 수 없다'는 것을 인정할 필요가 있다. 상대는 나와 가치관도 다르고 생각도 다르고 성격도 다르다. 그러니 내 마음과 같기를 기대해서는 안 된다. 괜한 기대감으로 실망하게 되고 분노하게 되니 말이다.

상대에 대한 기대를 내려놓은 자리에 감사함을 채우면 더없이 좋다. 부하직원이 빈자리에서 울리는 전화를 받는 것을 당연한 일이라 생각하지 말고 감사한 일이라고 생각해보자. 떨어진 휴지를 꼭 부하직원이 주워야 하는 것은 아니다. 그것을 먼저 본 사람이 얼른 주워서 휴지통에 넣으면 그만이다. 넘치는 휴지통이 거슬린다면 손수 나서서 비우든지, 여의치 않다면 직원 중 누군가에게 비워달라고 정중하게 부탁을 하면 된다. 이렇듯 당연하다 여겨지는, 상대에 대한 바람과 기대를 내려놓고 그 자리를 감사함으로 채운다면 화낼 일이 크게 줄어든다.

몸 건강이 나빠지면 화도 늘어

평소와 다를 바 없는 동료의 말과 행동에 버럭 화가 날 때가 있다. 이처럼 특별한 이유 없이 화가 날 때는 몸의 건강 상태부터 살펴야 한다. 수면이 부족하지는 않은지, 피로감에 시달리지는 않는지, 특별히 나를 불편하게 하거나 신경 쓰이는 증세는 없는지 살펴야 한다.

공복 상태가 너무 오래 유지되어 혈당수치가 떨어지면 손이 떨리고 가슴이 두근거리며 불안감이 들기도 한다. 이럴 때는 기분이 예민해져서 주위 사람들에게 쉽게 화가 치밀 수 있다. 또 카페인을 지나치게 섭취해도 이와 비슷한 증세가 나타난다.

이처럼 몸이 불편하고 건강에 이상 신호가 오면 기분이 안 좋아지고 예민해지면서 이유 없이 화를 낼 가능성이 커진다. 따라서 평소 자신의 몸 건강을 잘 챙김으로써 마음도 편안한 상태를 유지할 수 있도록 노력해야 한다.

내가 언제
화를 냈다고 그래?

"좋은 아침!"

평소 송 팀장은 사무실로 들어서며 환하게 웃는 얼굴로 직원들에게 아침 인사를 건넨다. 그런데 오늘은 웬일인지 인사는커녕 직원들과 눈도 마주치지 않고 곧장 자리에 앉았다.

"팀장님, 또 왜 저러셔?"

"무슨 화난 일이 있나 보죠…."

리더인 송 팀장의 표정이 어두우니 덩달아 팀원들까지 분위기가 가라앉았다. 몇 시간 동안 한마디도 하지 않은 채 자리만 지키던 송 팀장은 점심시간이 되자 직원들에게 이렇다 할 말도 없이 혼자 회사를 빠져나갔다.

"팀장님 지금 우리한테 화난 거 맞지?"

"왜 화가 나셨지? 우리가 뭐 실수하거나 잘못한 게 있나?"

"아무리 우리가 무슨 실수나 잘못을 해도 그렇지. 왜 화가 났는지 얘길 해야 우리도 무슨 변명이라도 하지, 안 그래요?"

팀원들은 점심도 먹는 둥 마는 둥 하며 걱정에 휩싸였고, 걱정은 이내 극심한 스트레스를 몰고 왔다.

"팀장님, 혹시 저희에게 화나셨어요? 저희가 무슨 실수나 잘못이라도 했나요?"

오후 시간까지 침울함이 이어지자 참다못한 박 과장이 송 팀장에게 다가가서 조심스레 물었다. 그런데 돌아온 대답은 너무나 황당했다.

"내가 언제 화를 냈다고 그래? 내가 자네들에게 소리를 지르기를 했어? 물건을 집어던지길 했어? 그리고 나 화내고 그러는 사람 아니야. 쓸데없는 소리 하지 말고 가서 본인 일이나 잘해요."

이리저리 왔다 갔다, 변덕의 후폭풍

위계질서가 존재하는 한 조직 내에서는 결코 모든 사람이 평등해질 수 없다. 특별히 갑질을 하지 않아도 그가 리더라는 이유만으로 직원들은 그에게 갑의 지위를 부여하고 본인은 을을 자처한다. 이런 이유로, 조직에서 리더의 무표정, 침묵, 헛기침, 한숨, 심지어 영혼 없는 칭찬까지도 구성원에겐 분노의 표출로 와닿을 수있다.

사례 속 송 팀장은 평소 구성원들과 격 없이 지내며 친근하게 굴었다. 그러나 뭔가 못마땅한 일이 생기면 크게 한숨을 내쉰다거나 헛기침을 하며 불편한 기색을 드러냈고, 팀원들이 알아서 자신의 비위를 맞추도록 유도했다. 그리고 팀원들이 자기 뜻을 따르지 않을 시에는 침묵과 무표정으로 불편한 마음을 표현했다.

송 팀장의 사연은 이랬다. 지난 저녁 1차 회식 후에 살짝 아쉬워서 2차를 제안했다. 그러나 팀원들 모두 각자의 사연을 호소하며 슬그머니 집으로 돌아가버렸고, 결국 혼자 포장마차에서 술잔을 비우며 팀원들에 대한 분노의 마음을 채웠다.

"내가 평소에 자기들한테 얼마나 잘해줬는데 이 늦은 밤에 나를 혼자 길바닥에 두고 다 도망을 가버려? 어디 두고 봐, 내일 내가 모두에게 따끔한 맛을 보여주겠어!"

다행히 아침이 되자 기분이 좀 나아졌다. 그러나 아무 일도 없었던 듯이 웃고 먼저 말을 건넬 정도는 아니었다. 그렇다고 그깟 일로 화를 내는 속 좁은 리더가 될 수는 없었다. 궁리 끝에 송 팀장은 화를 내지 않으면서 본인의 불편한 심기를 표현한 방법으로 무표정한 얼굴과 침묵을 선택했다.

"정말 짜증 나. 나한테 저렇게 굴 거면 평소에 자기를 형님으로 부르라느니, 힘든 일 있으면 언제든 격 없이 얘기를 나누자느니 그런 말은 왜 했어!"

송 팀장에게 말을 걸었다가 "쓸데없는 소리 하지 말고 본인 일이나 잘하라"는 말을 듣고 온 박 과장은 송 팀장에게 심한 배신감을 느꼈다. 더군다나 평소 업무와 관련한 칭찬도 많이 들었던 터라 배신감은 분노로까지 이어졌다. 일할 의욕이 사라진 박 과장은 멍한 눈으로 모니터만 응시한 채 퇴근 시간만 기다렸고, 다음 날 아무렇지 않게 팀원들에게 인사를 건네는 송 팀장을 본체만체했다. 나름 소심한 복수를 한 셈이다.

조직에서 리더의 위치에 있는 관리자를 코칭하다 보면 의외로 본인이 화를 잘 내지 않는 리더라고 생각하는 분이 많다. 그리고 이렇게 대답한 상당수가 침묵이나 헛기침, 한숨, 무표정 등을 분노의 표현으로 인식하지 못했다. 오히려 화난 마음을 감추기 위해 침묵이나 무표정 등의 방법을 선택한다며, 본인을 아주 지혜로운 리더라 생각하기도 한다.

앞선 사례처럼 직원들은 평소와 같지 않은 리더의 냉랭한 표정만으로도 그가 화가 나 있음을 짐작한다. 원래부터 무표정하고 무뚝뚝한 권위적인 리더라면 '저 사람은 원래 그런 사람'이라 생각하며 인간적인 친밀감을 그다지 기대하지 않는다. 또 평소 말이나 행동이 거칠고 자주 화를 표출한다면 '저 사람 또 시작이네' 정도로 넘어갈 수 있다. 기대가 없으니 실망할 일도 없는 것이다.

송 팀장처럼 평소 기분이 좋을 때 먼저 직원들에게 인사를 건네고, 사적인 자리에선 형이라 부르라며 친근하게 구는 사람이 냉랭한 모습을 보이면 그 변덕스러움에 실망하여 신뢰감이 낮아질 가능성이 크다.

조직은 빈번한 상호작용을 하는 곳으로서 예상치 못한 리더의 분노 표출은 조직 구성원에게 본인이 부당한 대우를 받는다는 느낌이 들게 한다. 즉, 조직 내부의 의사소통과 구성원 간의 상호작용 방식이 공정하지 못하다는 부정적인 인식이 강해지는 것이다. 게다가 이러한 리더에 대한 불신이 조직의 효과성에 부정적 영향을 미친다는 연구 결과도 있다. 따라서 리더는 크게 소리를 지르고 붉으락푸르락하는 것만이 분노의 표출이 아니며, 침묵이나 무표정 등의 다양한 분노 표출의 형태를 인정하고, 그것이 조직 구성원에게 미칠 부정적인 영향에 대해서도 숙고해야 한다.

화를 감추기보단 말로 솔직하게 풀어놓자

날마다 화가 나 있는 사람보다 더 귀찮고 불편한 이가 이리저리 감정이 널을 뛰고, 태도와 행동에 일관성이 없는 리더이다. 어제는 둘도 없는 동지처럼 굴다가 오늘은 언제 그랬냐는 듯이 강력한 적군이 되어 직원들을 몰아붙인다면 그와 함께 일하는 것을 좋아할 사람은 아무도 없을 것이다.

송 팀장의 경우, 직원들이 2차 회식에 가지 않은 것은 화를 낼일이 아님을 아는 것이 가장 중요하다. 퇴근 후의 시간은 엄밀히 말해서 개인의 영역인데, 그것을 리더라는 이유만으로 제약하고 구속할 수는 없으니 말이다.

물론 사람 감정이 그리 이성적이고 합리적이지 못한 까닭에 서운한 마음이 들기 마련이고, 그 감정을 곱씹다 보면 화로 번져

갈 수도 있다. 이때는 소심하게 화를 내기보다는 자신의 감정을 솔직하게 말하는 것이 훨씬 더 상대를 위한 일이며, 서로의 관계를 더 돈독히 하는 건설적인 해결방안이다.

송 팀장의 화는 결국 내 마음을 상대가 몰라주고, 내 기대를 충족시켜주지 않은 데 대한 서운함과 반발심에서 생겨났다. 그렇기에 서운했던 내 마음을 상대가 알아주고 도닥여줘야 내 안의 화가 사라진다. 이때 내가 아무 말도 하지 않고 입을 꾹 다물고 있으면 사람들은 내가 왜 화가 났는지 알 수 없다. 오히려 나만 이상한 사람, 괴팍한 사람이 되고 만다. 그러나 나는 지금 이러이러한 일 때문에 많이 서운하고, 그래서 화가 난 상태임을 상대에게 전한다면 대화를 통해 화를 풀어갈 실마리도 찾을 수 있다.

"많이 서운하셨겠어요. 사실 어제 저희 애 생일이었어요. 아빠랑 함께 케이크를 자르겠다고 아이가 그 시간까지 저를 기다리고 있었거든요. 전 다른 직원들이 팀장님과 함께 2차를 할 줄 알고 급한 마음에 얼른 집으로 간 건데, 정말 죄송합니다."

"아니야. 죄송하긴. 회식 2차보다 애 생일이 당연히 더 중요하지. 괜히 자네 붙들고 있다가 내가 눈치 없는 리더가 될 뻔했어."

"이를 어째요. 그래서 혼자 외롭게 2차를 하셨군요. 전 아내랑 다시는 술자리 회식은 가지 않겠다고 약속을 했어요. 지난달 회식

때 귀가 시간이 늦어서 아내와 말다툼이 커졌거든요. 한 번만 더 늦으면 아내가 저를 내쫓겠다는 생각까지 하고 있더라고요."

"이런, 이런. 나 때문에 2차까지 갔다간 큰일 날 뻔했군. 일찍 들어가길 잘했어."

이처럼 나의 화난 감정과 그 이유를 솔직하게 풀어놓으며 대화를 하다 보면 상대의 마음과 입장을 알게 돼 이해의 여지가 커진다. 화도 결국엔 나의 서운한 마음, 분한 마음, 속상한 마음을 상대가 알아주기를 바라는 일종의 커뮤니케이션 신호이다. 그런데 그 본질을 감춘 채 과도한 폭언이나 폭력 또는 침묵이나 무시 등의 그릇된 방식으로 표출한다면 소통은커녕 오해와 불신만 쌓이게 된다. 하루이틀 보고 말 인연이 아니라면 결국 화가 난 나의 마음을 솔직하게 전하고 풀어가는 것이 관계를 위한 최선의 방안이다.

약이 되는 분노 VS. 독이 되는 분노

　명석한 두뇌와 냉철한 판단력, 예리한 통찰력을 가진 히틀러는 왜 2차 세계대전에서 패배했을까? 패배의 결정적인 원인은 다름 아닌 그의 불같은 분노에 있었다고 한다. 히틀러는 평소 분노를 다스리는 데 능숙하지 못해 걸핏하면 소리를 치르며 화를 냈다. 게다가 화를 낼 만한 데 내는 것이 아니라 자신의 비위를 조금만 거슬러도 불같이 화를 냈기에 부하들은 겁이 나서 마땅히 해야 할 보고조차 제대로 못 하기도 했다.

　연합군이 노르망디에 상륙작전을 개시했을 때 히틀러는 잠을 자고 있었는데, 소련으로 보냈던 주력부대를 그쪽으로 돌려 상륙을 저지하면 승산이 있다는 것을 알면서도 부하들은 그를 깨우지 않았다. 자신을 절대 깨우지 말라던 히틀러의 명령을 어겼다가 무슨 날벼락을 맞을지 두려웠기 때문이다. 결국 발만 동동 구르며 히틀러가 스스로 깨어나길 기다렸던 탓에 연합군을 방어할 수 있는 최적의 시기를 놓쳐버렸고, 그 결과 독일은 패망의 길로 접어들었다.

리더의 분노는 상상 이상으로 힘이 세다. 한 가정의 리더인 가장의 분노에는 가정을 깨뜨리는 강한 힘이 있고, 한 조직을 이끄는 리더의 분노에는 조직을 무너뜨리는 힘이 내포되어 있다. 그리고 히틀러의 경우처럼 국가 지도자의 분노는 나라 전체를 파멸시키는 강력한 힘을 가지고 있다.

모두가 리더의 분노에 주목한다

분노를 느끼지 않는 사람은 없다. 누구나 때때로 마음속에 크고 작은 분노가 생겨나고, 이후 이것이 더 커지기도 하고 사그라들기도 한다. 분노는 그것을 밖으로 표출하느냐, 안으로 억누르느냐, 외부로 발산한다면 어떻게 표출하느냐에 따라 그 결과가 달라진다. 약이 되기도 하고 독이 되기도 한다. 그리고 독은 나 자신과 상대만 병들게 하는 게 아니라 조직과 사회 전체에 크나큰 해악을 끼치는 강력한 불씨가 되기도 한다.

언젠가 친구들과 함께 맛집으로 유명한 한 음식점에 갔다가 쫄쫄 굶고 돌아온 적이 있다. 친구들의 음식이 모두 나왔는데도 내가 주문한 음식은 나올 기미가 없었고, 심지어는 친구들이 그릇을 싹싹 비울 때까지도 소식이 감감했다. 기다리다 못한 나는 직원을 불러 내가 주문한 음식이 언제쯤 나오느냐고 물었다. 직원은 주문을 받은 직원을 불러 물어보고, 주문을 받은 직원은 주방에 또 물어보는 등 몇 단계를 거친 끝에 비로소 들려온 답은 "죄송합니다. 실수로 해당 음식의 주문이 누락된 듯합니다. 정말 죄송합니다"였다. 사태가 심각해 보였는지 사장까지 와서는 사과를 하고, 음식을 새로 만들어드릴 테니 잠시만 기다려달라고 했다. 기다림에 지친 나는 밥 생각마저 잃었기에 괜찮다며 자리에서 일어났다. 그때였다.

"도대체 너는 정신을 어디다 팔고 다녀! 이래서 내가 경력 없는 것들은 안 뽑으려고 했는데 하도 급해서 뽑아놨더니 결국 사고를 치네. 어휴!"

"너희는 거기서 뭐 해! 구경났어? 재밌어? 일 안 하고 뭐 하냐고! 어디서 저런 것들이 굴러와서는!"

나와 친구들이 자리에서 일어나자마자 사장은 실수한 직원을 향해 큰 소리로 화를 냈고, 그 모습을 힐끔거리며 쳐다보던 다른 직원들을 향해서도 소리를 지르며 화를 냈다. 근처에 있던 손님들이 불편한 기색을 드러냈지만 사장은 한번 터져 나온 화를 감당하기가 힘든지 한참을 씩씩대며 직원들을 쏘아봤았다.

직원의 실수로 손님이 식사를 못 하게 되었으니 사장이 화가 나는 것은 당연하다. 그러나 자신의 화를 정제하지 않고 날것 그대로, 그것도 손님들이 있는 자리에서 분출하는 행동은 결국 직원은 물론이고 손님까지 불편하게 만든다. 나와 내 친구들뿐만 아니라 그날 그 광경을 지켜봤던 손님 중에 이후에 그곳을 다시 찾을 이가 몇이나 될까. 주위 사람들에게 "그곳에 절대 가지 마. 사장 성질이 보통이 아니더라고. 손님이 보는 앞에서 직원들에게 화를 내고 소리를 질러대니 밥이 코로 들어가는지 입으로 들어가는지 모를 정도였다니까"라고 말하는, 적극적인 안티 세력이 되지 않으면 다행일 것이다.

직원들은 또 어떤가. 실수에 대해 꾸짖음이 아닌 인격 모독적인 표현까지 서슴지 않으며 자신의 분노를 표출하는 리더를 보며, 그곳에서 일하고 싶은 마음이 완전히 사라질지도 모른다. 사태는 거기서 끝나지 않을 수 있다. 취업을 알선하는 포털사이트에 해당 점포의 평판을 나쁘게 올려 사람들이 지원을 꺼리게 만들어버릴 수도 있다. 이럴 경우, 그 점포는 있던 직원들도 모두 나가버리고 새 직원도 구할 수가 없어서 결국엔 문을 닫아야 할지도 모른다.

비약이 심하다고 할지도 모르지만 전혀 불가능한 이야기도 아니다. 특히 요즘처럼 SNS의 발달로 개인의 목소리가 힘을 얻는 시대에는 이런 시나리오가 결코 과장된 상상으로만 머물지 않을 것이다. 그렇기에 작은 구멍가게에서부터 큰 대기업에 이르기까지, 그곳이 어디든 리더의 자리에 있는 사람은 화가 난다고 함부로 화를 내서는 안 된다. 정제되지 않은 날것 그대로의 분노는 자신은 물론 모두에게 강력한 독으로 작용하기 때문이다.

분노도 얼마든지 좋은 에너지가 될 수 있다

아리스토텔레스는 저서 《니코마코스 윤리학》에서 "마땅한 때에, 마땅한 방식으로, 마땅한 시간 동안 화를 내는 사람은 칭찬할 만하다"라고 했다. 그만큼 화는 급하고 강한 기운을 가진 감정이라 다스리고 통제하기가 쉽지 않다는 의미이다.

분노는 불과 같은 성질을 띤다. 불은 어떻게 다스리느냐에 따라 전혀 상반된 결과를 가져온다. 다스림이 미숙하여 잘못 활용하면 나는 물론이고 주위의 사람들에게까지 큰 피해를 준다. 심지어 모든 것을 다 태워 잿더미로 만들 위험도 있다. 반면, 능숙하게 잘만 다스리면 우리 삶을 더욱 편리하고 풍족하게 해주는 귀하고 소중한 에너지로 쓰인다.

분노도 마찬가지이다. 내 안에 끓어오르는 분노를 잘 다스리며 슬기롭게 활용하면 나와 상대 그리고 조직과 공동체를 더 발전시키는 귀한 에너지가 된다. 그릇된 정권에 대한 국민의 분노는 촛불로 뭉쳐져 마침내 정권의 교체를 이뤄냈고, 성폭력의 가해자에게 분노하는 마음은 '미투 운동'의 물결을 전 세계적으로 확산시켜 성범죄에 대한 인식의 변화를 이끌었다.

사회적 차원에서의 거창한 분노가 아니더라도 일상에서 소소하게 느끼는 화 역시 잘 활용하면 나를 발전시키는 귀한 에너지가 된다. 길을 가다가 노인을 함부로 대하는 사람을 보면 '저런 나쁜 인간이 있나' 싶어 속에서 화가 치민다. 이를 통해 우리는 노인을 공경하는 도덕적 가치에 대해 한 번 더 인식하게 되고, 이후 행동하면서 더욱 조심하게 된다. 거리에 함부로 널려 있는 쓰레기를 보며 '돈 몇 푼 아끼겠다고 모두가 함께 살아가는 환경을 이토록 더럽히다니!'라며 분노한다면 공공의 도덕과 합의된 규칙의 준수에 대해 다시 한 번 생각하게 된다.

앞선 사례의 음식점 사장만 하더라도 직원의 실수로 손님이 피해를 봤으니 직원에게 화가 날 만하다. 그런데 굳이 그 화를 그 자리에서 표출하고, 직원의 인격을 모독하는 표현을 할 필요가 있었을까? 결국 그 사장은 마땅하지 않은 때에, 마땅하지 않은 방식으로, 마땅하지 않은 시간 동안 화를 낸 탓에 고객과 직원까지 잃을 것이다.

만약 그가 자신의 화를 조금 가라앉힌 후에 휴식시간이나 퇴근 무렵에 실수한 직원을 따로 불러 '다음부터 이런 실수는 하지 말았으면 한다. 잠깐의 실수로 그 손님은 점심을 거르게 되었고, 일행과의 즐거운 시간도 망쳤다. 그러니 다음부터는 주문 확인과 전달을 반드시 거듭 점검해라'라는 취지로 나무랐다면 어땠을까.

직원은 본인의 잘못을 정확하게 지적받았으니 크게 기분이 상하지 않았을 테다. 그리고 어떻게 해야 한다는 명확한 대안까지 제시받았으니 이후의 행동에 더 주의를 기울였을 것이다. 게다가 손님 입장을 더 잘 이해하게 되어 더욱 손님을 배려하고 존중하는 태도를 갖추게 되었을 것이다.

기업도 마찬가지이다. 대부분의 기업이 일반 점포보다 상대적으로 규모가 더 크고 구성원도 많다 보니 리더가 화를 낼 일이 더 잦다. 그럼에도 올바른 방식으로 화를 표현한다면 리더의 분노는 충분히 조직을 발전시키는 약으로 쓰일 수 있다. 구성원의 부정적인 감정을 자극하지 않으면서 오히려 긍정적인 행동 변화를 이끌어낼 수 있다.

적당한 분노는 창의적인 아이디어를 생산해내는 좋은 자극제가 된다는 연구 결과도 있다. 네덜란드의 심리학자인 마테이스 바스(Matthijs Baas), 카르스턴 데 드뢰(Carsten De Dreu), 베르나르트 A. 네이스타트(Bernard A. Nijstad)는 실험을 통해 분노가 창의성에 도움이 된다는 사실을 밝혀냈다. 연구진은 피험자 학생들을 세 그룹으로 나눴다. 그리고 이들이 각각 분노, 슬픔, 중립적인 감정을 느끼도록 '분노했던 경험', '슬프게 만들었던 일화', '평범한 어린 시절 이야기'에 대해 에세이를 쓰게 했다. 이후 세 그룹 참가자 모두에게 제한된 시간 동안 환경보호와 관련한 아이디어를 내놓게 했다. 실험 결과, 슬픔이나 중립적인 감정 상태였던 사람들보다 분노의 감정 상태에 있던 참가자들이 아이디어 제출 개수도 더 많았고 내용도 더 독창적이었다.

한편, 연구진의 두 번째 실험에서는 일부 피험자들을 화나게 만든 상태에서 전체 피험자들에게 환경 개선 방안에 대해 브레인스토밍을 시켰다. 이번 실험에서도 첫 번째 실험에서와 같은 결과가 나왔다. 화의 감정을 느끼고 있는 피험자가 그렇지 않은 피험자에 비해 아이디어도 더 많이 내고, 내용도 더 독창적이었다.

이처럼 분노는 활용하기에 따라 얼마든지 개인과 조직에 긍정적인 영향을 주는 좋은 에너지로 바뀔 수 있다. 독일의 저명한 임상심리학자인 알무트 슈말레-리델(Almut Schmale-Riedel)은 그의 저서 《우울한 게 아니라 화가 났을 뿐》에서 "분노는 나를 생기롭게 만들고, 나 자신과 나의 가치관, 관점, 욕구를 옹호할 수 있는 에너지를 주는 귀한 존재이다"라고 했다. 분노는 나와 타인을 망치는 독이 아닌 나와 타인을 위한 좋은 약으로 쓰일 훌륭한 에너지이기에 그것을 어떻게 다스리고 지혜롭게 표현할지 깊이 고민하고 훈련할 필요가 있다.

✎ 설마 내가 또라이 갑질 리더?

"뭐야? 누가 이 시간에 카톡을…"

열심히 울려대는 카톡 알람 소리에 잠이 깬 이 대리는 잔뜩 찌푸린 얼굴로 휴대폰을 확인했다. 아니나 다를까. 예상대로 안하무인에 제멋대로인 한 부장이었다.

"에잇, 이 또라이는 잠도 없나? 지금이 몇 신데!"

이 대리는 그대로 휴대폰을 꺼버리곤 다시 잠을 청했다. 한 부장은 업무와 관련한 일이 갑자기 생각나면 늦은 밤, 이른 새벽을 가리지 않고 카톡을 울려댔다. 게다가 즉시 답을 하지 않으면 전화도 서슴지 않았다.

이 대리도 신입사원 시절엔 무슨 급한 일이 있는가 싶어서 놀란 마음에 즉시 확인을 했다. 그런데 매번 그다지 중요하지도, 급하지도 않은 일로 카톡을 보내오는 것을 보며 짜증이 밀려왔고, 언제부턴가 출근 전에 간단히 확인하는 정도로 나름의 요령을 피우고 있다. 그 일로 매번 한 부장의 분노를 사지만, 내일 지구가 멸망한다고 해도 이 밤에 할 수 있는 일은 그다지 많지 않기에 잠이라도 편히 자게 아예 휴대폰을 꺼버리는 것이다.

"야! 이 대리. 네가 감히 내 카톡을 씹어? 그리고 간도 크게 휴대폰을 꺼?"

"죄송합니다! 너무 늦은 시각이라 아내가 꺼버린 모양입니다."

"죄송하다면 다야? 대리 주제에 리더의 전화를 시간 가려가면서 받아? 네가 그러고도 무사할 것 같아!"

"죄송합니다! 앞으론 주의하겠습니다!"

다음 날 아침이면 이 대리는 구구절절한 변명 대신 죄송하다는 말을 크게 외치곤 자리에 앉는다. 변명하고 대꾸를 했다간 '어딜 감히', '내가 너만 했을 때는 말이야', '요즘 젊은 애들은 말이야' 등으로 이어지는 한 부장의 갑질 잔소리가 끊이지 않으리라는 걸 잘 알기 때문이다.

또라이 갑질 리더는 어디에든 있다

나는 결코 사례에 등장하는 한 부장 같은 '또라이 갑질 리더'는 아닐 것이라 자신하겠지만, 정말 그럴까? 안타깝게도 많은 직장인이 같은 팀 혹은 같은 부서에서 이러한 또라이 갑질 리더를 아주 흔하게 볼 수 있다고 토로한다.

2013년, 직장인 매거진 〈M25〉(www.m25.co.kr)가 홈페이지 방문자 676명을 대상으로 리더에 관한 설문조사를 실시한 결과, 직장인의 93.5%가 또라이 리더와 일해본 경험이 있다고 답변했다.

최악의 또라이 리더로 응답자의 30%(203명)가 시한폭탄처럼 기분에 따라 행동지침 모드가 바뀌어 비위를 맞추기 힘든 '기분파 또라이'를 꼽았고, 2위로는 업무에 대한 평가부터 사람 평가까지 매사 인격을 모독하며 독설을 일삼는 '독설형' 리더를 꼽았다. 이 외에도 업무를 지시해놓고 성과가 좋으면 자신이 한 것처럼 가로채는 '얌체형' 리더가 18.5%(125명), 도무지 대화가 통하지 않아서 일 처리가 힘든 '사오정' 리더가 13%(88명), 자신의 권위에 위협이 느껴지는 모든 부하직원을 찍어내리는 '꼰대형' 리더가 11.2%(76명) 등이 그 뒤를 이었다.

이와 유사한 최근의 조사 결과에 따르면, 2019년 온라인 채용 포털 서비스 업체인 인크루트가 회원 853명을 대상으로 조사한 설문조사에서 직장인 90%가 '사내에 꼰대가 있다'고 답했다고 한다. '꼰대'는 '자신이 항상 옳다고 믿는 나이 많은 사람'을 가리키는 말로, 자신의 경험을 일반화하여 자신보다 어리거나 지위가 낮은 사람에게 강요하고 가르치려 드는 기성세대를 의미한다.

자유롭게 사유하기 위해 필명으로 글을 쓰는 작가 아거는 그의 저서 《꼰대의 발견》에서 꼰대란 "남보다 서열이나 신분이 높다고 여기고, 자기가 옳다는 생각으로 남에게 충고하는 걸, 또 남을 무시하고 멸시하고 등한시하는 걸 당연하게 여기는 자"라고 정의했다. 이런 시각에서 볼 때 우리가 직장에서 만나는 '꼰대'와 '또라이 갑질 리더'는 아주 유사한 인물이거나 심지어는 같은 인물일 수도 있다.

직장인들은 꼰대의 유형으로 답정너 스타일(23%), 상명하복 사고방식을 지닌 '하라면 해' 스타일(21%), '내가 해봐서 아는데' 식의 전지전능 스타일(16%)이 상위를 차지했다. 이외에도 응답자의 10%가 폭언 등 분노조절장애 스타일을, 9%가 다짜고짜 반말하는 스타일을 꼽았다.

직장인들은 꼰대가 사용하는 말 중에 '어딜 감히(18%)', '내가 너만 했을 때는 말이야(17%)', '내가 다 너 잘되라고 하는 말이지

(17%)', '요즘 젊은 애들은 말이야(16%)', '왕년에 나는 말이지(14%)' 등이 가장 듣기 싫다고 답했다.

'또라이 갑질 리더'에 비해 꼰대는 양반인 셈이지만 부하직원 입장에서 꺼려지긴 마찬가지이다. 임홍택 작가가 쓴 《90년생이 온다》에는 "앞으로 90년대생들을 맞이하는 조직에서는 단지 또라이만을 솎아내는 것이 아니라 종종 꼰대 또한 찾아내 개선방안을 모색할 필요가 있다"라고 되어 있다.

이처럼 다수의 직장인이 조직 내에 꼰대나 또라이 리더가 있다고 말하고, 실제 함께 일을 했다고 응답한 사람도 열 명 중 아홉을 넘는다. 그러나 정작 본인을 꼰대나 또라이 리더라고 인정하는 사람은 그리 많지 않을뿐더러 그런 이미지의 리더가 되고 싶어 하는 사람도 별로 없다.

착각이나 바람과는 별개로, 자신과 그들(꼰대와 또라이 리더)의 싱크로율이 과연 어느 정도인지를 냉철하게 자각하고, 1%라도 닮은 구석이 보이면 스스로 변화를 위한 노력을 해야 한다. 밀려드는 90년대생들, 그 이후 세대들에게 '솎아냄'을 당하지 않기 위해, 조직의 평안과 발전을 위해, 무엇보다 나 자신의 존귀함을 되찾기 위서라도 꼰대와 또라이 리더의 기질을 과감히 벗어던져야 한다.

정당한 분노도 방법이 정당하지 않으면 갑질이다

리더의 유형은 각양각색이고, 그들이 조직을 이끄는 주된 리더십에도 차이가 있다. 탁월한 카리스마로 조직을 이끄는 '용장(勇將)'은 용맹함과 추진력을 갖춘 강인한 리더이다. 정확하고 섬세한 전략으로 조직을 안전하게 이끄는 '지장(智將)'은 탁월한 지략과 통찰력을 갖춘 리더이다. 온화하고 인자한 품성을 갖춘 '덕장(德將)'은 잔소리하거나 큰소리를 내지 않고 솔선수범으로 조직을 평화롭게 이끄는 리더이다.

대부분의 직장인은 용장, 지장, 덕장처럼 조직 구성원들에게 존경받고 인정받는 훌륭한 리더와 함께 일하기를 바라고, 본인도 그런 리더가 되고 싶어 한다. 그러나 안타깝게도 현실은 바람과는 전혀 다른 결과를 내놓기도 한다. '어떻게 저런 사람이 저 자리에까지 올라갔을까?' 싶을 정도로 괴팍하고 변덕스럽고 치졸한, 이른바 '또라이 갑질 리더'와 일하게 되기도 하고, 본인 역시 그런 모습을 닮아가기도 한다.

꼰대나 또라이 리더는 화를 낼 때도 꼰대스럽고 또라이스럽다. 이들은 합리적이고 상식적인 기준이 아닌 오로지 자기 자신을 기준으로 타인을 평가하기에 화를 내는 빈도도 잦고 강도도 남

다르다. 게다가 자신의 기분에 따라 어제는 그냥 넘어갔던 일에도 오늘은 버럭대며 화를 내기도 하고, 종로에서 화가 났는데 한강에 대고 화풀이를 하기도 한다. 그리고 무엇보다 자신보다 직급이 높은 사람에게는 꼼짝못하면서 직급이 낮은 부하직원에게는 쉽게, 과도하게 분노를 표출한다. 그래서 이들의 분노는 전형적인 '갑질 분노'에 해당한다.

분노는 크게 화를 낼 만해서 내는 '정당한 분노'와 화낼 일도 아닌데 화를 내는 '정당하지 않은 분노'로 나눌 수 있다. 부하직원의 입장에서 리더의 정당하지 않은 분노는 그 자체로 갑질로 여겨질 수 있다.

그리고 정당한 분노라고 할지라도 그것을 표현하는 방식이 폭력적이거나 강압적이라면 부하직원으로서는 이 또한 갑질로 느껴질 수 있을 것이다. 왜냐하면 을의 처지인 부하직원은 제아무리 정당하다 해도 결코 리더를 향해서 폭력적이거나 강압적으로 화를 낼 수 없기 때문이다.

갑질 분노는 대부분 그것을 수용할 수 있는 대상에게만 표출된다. 즉, 화낼 일도 아닌데 화를 내고, 엉뚱한 사람에게 화를 내고, 과도하게 비아냥거리거나 폭력적으로 표현하는 이유는 한마디로 상대가 만만하기 때문이다. 아무리 화가 나고 억울해도 결코 리더나 고객에게는 그것을 표출할 수 없다. 그러니 만만한 부하직원에게 화를 쏟아내는 것이다. 심리학에서는 '전치(displacement)'라는 방어기제가 작동한 탓에 이러한 행위가 이루어진다고 분석한다.

분노와 관련해서 '전치'를 설명하자면, 특정 대상을 향해 생겨난 분노를 좀 더 만만하고 안전한 대상에게 표출한다는 뜻이다. 예를 들어 강압적이고 폭력적인 대표이사에게 억눌리며 쌓인 분노를 대표이사가 아닌 만만한 신입사원에게 폭발시키는 것이다. 대표이사에게 분노를 표출했다가는 더 큰 문제가 생길까 봐 불안한데, 이러한 불안을 통제하기 위해 전치라는 방어기제를 사용하게 되고, 그 과정에서 나의 분노를 수용 가능한, 만만한 상대를 찾아 표출하게 되는 것이다.

방어기제의 작동이든, 쉽게 분노가 끓어오르는 기질적인 문제 때문이든, 심지어 마땅히 내야 할 정당한 분노라고 할지라도 그 표현이 지나쳐서 상대가 부당하거나 과도한 분노의 표출이라고 느낀다면 '또라이 갑질 리더'의 꼬리표에서 자유로울 수 없다. 그러니 내 마음에 분노가 일 때는 스스로 그 대상과 이유를 분명하게 되물어야 한다. '정말 그 사람에게 화가 난 게 맞나?', '내가 화난 이유가 정말 그것인가?'를 되묻고 정말 그러하다는 판단이 선다면 나의 분노를 최대한 이성적이고 효과적으로 상대에게 전달하도록 노력해야 한다.

갑질 리더, 멀리하는 게 상책이다

가족과 같은, 끊으려야 끊을 수 없는 혈연관계가 아닌 이상 불편하고 싶은 사람을 굳이 가까이해서 스트레스를 받을 이유는 없다. 특히 시도 때도 없이 거칠고 폭력적인 분노를 표출하는 사람과는 사회적 거리는 물론 물리적 거리를 최대한 두고, 가능한 한 부딪히는 횟수나 대화를 줄여야 한다.

직장에서 갑질 분노를 표출하는 리더는 사무실 내에서는 물론이고 회의석상이나 식사자리 등에서도 최대한 멀리 떨어져 앉는 것이 좋다. 물리적 거리는 심리적 거리와도 관련이 깊어서 멀리 떨어져 있으면 긍정적 감정이든 부정적 감정이든 감정 자체가 줄어들 가능성이 크다.

미국 MIT의 슬론경영대학원(MIT Sloan School of Management)의 토마스 앨런(Thomas Allen) 교수는 연구를 통해 조직에서 구성원 사이의 물리적 거리와 의사소통의 빈도가 서로 반비례 관계에 있음을 밝혀냈다. 특히 서로의 거리가 15m를 넘어서면 의사소통이 급격하게 줄어들고, 25m 이상이면 거의 소통할 일이 사라진다고 한다. 같은 대학의 존 캐롤(John Carroll) 교수는 또 다른 연구를 통해 거리가 60m 넘게 떨어진 사람들끼리는 아예 대화가 끊어진다는 것을 밝혀냈다.

마땅히 지적받을 만한 잘못이나 실수를 했다면 피하는 것만이 상책은 아닐 테다. 그러나 이유 없이, 예고 없이 분노 폭격을 해대는 리더의 분노를 굳이 가까이에서 고스란히 받아낼 필요는 없다. 갑질을 일삼는 리더는 멀리하는 게 상책이다.

리더의 과도한 열정은 폭력일 수 있다

업계에서 일 잘하기로 유명한 리더가 있다. 그런데 성격이 깐깐하고 괴팍한 것은 물론이고 함께 일하는 사람들에게 말대답 금지, 질문도 금지, 그뿐만 아니라 작은 실수도 절대 용납하지 않는다. 더불어 평일 밤은 물론이고 주말도 무시하고 업무지시를 내리는 워커홀릭에, 부하직원의 태도나 능력, 심지어 옷차림이 마음에 들지 않아도 인격을 모독하는 폭언과 독설을 서슴지 않는다. 이런 리더와 함께 일한다면 어떨 것 같은가?

영화 〈악마는 프라다를 입는다〉의 등장인물인 미란다는 세계 최고의 패션 잡지인 '런웨이'의 편집장이자 패션계의 전설로 통하는 인물이다. 미란다가 출근하면 직원들은 모두 극도로 긴장하며 비상사태에 돌입한다. 미란다의 기분이 좋지 않은 날엔 회사 전체가 시련을 맞을 각오를 해야 한다. 앞서 말한 워커홀릭에 안하무인의 리더가 바로 미란다이다.

"무슨 소리야! 이 정도 보슬비를 가지고."

태풍 때문에 모든 비행기가 결항이 되었다고 하자 미란다는 그녀의 비서에게 어떻게든 비행기를 뜨게 하라고 지시한다. 리더의 출장에 오랜만에 아버지와 함께 저녁 식사를 하며 주말의 평온함을 만끽하던 비서는 스트레스를 넘어 공포감까지 느끼지만 차마 사표를 내던질 수는 없다. 태풍이라는 천재지변까지 물리치며 비행기를 뜨게 할 초능력을 가지지 못한 미란다의 비서는 결국 리더의 분노를 온몸으로 받아내면서 어떻게든 이를 악물고 오기로 깡으로 하루하루를 버텨낸다.

동기 부여를 위해 욕설을 한다고?

일을 잘하고 열심히 하는 것은 직장인으로서의 당연한 자질이자 태도이다. 또한 일의 결과물이 탁월한 성과로 이어져 조직과 회사의 발전까지 이끈다면 기업으로서는 더없이 만족스러운 일이 아닐 수 없다. 그런데 일과 성과에 대한 열정이 과도하다 보면 점점 업무 시간이 길어지고 휴식은 물론 퇴근 후의 삶까지 사라지는, 그야말로 워커홀릭의 상태가 된다.

워커홀릭은 일을 해야만 살맛을 느끼며, 일하지 않으면 불안을 느낄 정도로 일에 대한 집념이 강한 상태를 말한다. 다른 말로 일 중독증이라고 하는데, 정신과적인 병명은 아니지만 성공과 경제력에 대한 강박, 완벽함을 추구하려는 강박, 배우자와 가정에서 받는 스트레스로부터의 도피 등 여러 원인에 의해 나타난다.

워커홀릭인 사람은 일을 통해 살맛을 느낀다지만 정작 그와 함께 일하는 주변 사람들은 죽을 맛이다. 특히 리더가 워커홀릭이라면 더더욱 그러하다. 얼마 전 코칭을 한 L은 함께 일하는 최 팀장에 대한 불만과 분노가 목구멍까지 가득 차올라서 하루에도 몇 번씩 사표를 집어 들 정도라고 했다.

"남들처럼 6시 칼퇴근은 아예 꿈도 못 꿔요. 9시 전에 퇴근하면 감사하고요, 팀장이 10시가 넘어서야 자리에서 일어나니 팀원들도 꼼짝을 못 하는 거죠."

주말이라고 해서 예외는 아니다. 토요일은 원래 출근하는 날이라고 생각하는 것이 마음 편할 정도고, 일요일도 회사에 가지 않을 뿐 수시로 업무와 관련한 문자와 전화를 받아야 한다. 이 모든 것이 워커홀릭 최 팀장 때문이다. L은 결혼을 약속한 애인과도 겨우 일요일이 되어서야 얼굴을 볼 수 있는데, 그마저도 최 팀장의 잦은 연락과 갑작스러운 호출 등으로 마음이 여간 불편한 게 아니다.

최 팀장의 워커홀릭 증세보다 더 견디기 힘든 것은 폭언도 서슴지 않는 그의 분노 표출 태도이다. 휴식조차 잊은 최 팀장의 일에 대한 과도한 열정은 팀원들에게도 같은 잣대로 적용되어, 본인의 성에 차지 않는 업무 태도나 결과가 나올 시엔 무차별적인 폭언을 가한다.

"일을 그따위로밖에 못 해!"

"머리가 나쁘면 손발이라도 부지런해야지. 어째서 넌 머리도 손발도 모두 그 모양이냐?"

"일을 그렇게 해놓고도 목구멍으로 밥이 넘어가냐? 식충이가 따로 없군!"

못마땅한 구석이 보일 때마다 이와 같은 막말을 수시로 쏟아내고, 어쩌다가 급한 일이 있어서 퇴근이라도 할라치면 "팀장인 내가 일을 하는데 감히 팀원인 네가 퇴근을 해? 그런 정신머리로 네가 이 회사에서 얼마나 버틸 것 같아?", "제 할 일도 제대로 못 하

는 놈들이 꼭 퇴근 시간은 칼같이 챙긴다니까!"라며 분노를 여과
없이 표출한다.

L은 최 팀장의 일에 대한 지나친 열정과 폭력적인 성향이 자
신을 비롯한 팀원들의 영혼과 육체를 병들게 하고 있다며 긴 한숨
을 내쉬었다.

"다 너 잘되라고 하는 말이야. 입에 쓴 약이 몸에 좋은 것처럼
듣기 싫은 말이 약이 되는 법이야."

거친 말, 폭력적인 말, 심지어 상대를 모욕하는 말을 해야 상대
가 정신을 차려서 더 열심히 잘할 것이라고 믿는 리더가 있다. 그
래서 이들이 늘 입에 달고 다니는 말은 "좋은 말로 하면 말귀를 못
알아듣잖아"이다.

《실리콘밸리의 팀장들》의 저자 킴 스콧(Kim Scott)은 그의 저
서에서 실제로 자신이 경험한 리더 중 일생일대 최악의 리더로
"직원을 모욕하는 것이 동기를 부여하는 최고의 방법"이라고 생
각하는 무지한 리더를 꼽았다. 이런 부류의 리더는 열정이 지나친
나머지 수단과 방법을 가리지 않고 구성원의 업무 능력을 자신이
정한 기준만큼 끌어올리려 한다. 그 열정만큼은 높이 살 수 있겠
으나 방법이 틀리면 아무리 좋은 의도라도 인정받기 어렵다.

분노도 마찬가지이다. 리더는 조직의 성과를 향상하고 구성

원의 업무 몰입도를 높이기 위해 분노를 표출할 수 있다. 바짝 고삐를 죔으로써 긴장감을 주려는 의도이다. 하지만 인간은 전원만 공급하면 무한정으로 달리는 기계도 아니고, 채찍을 휘두르고 고삐를 죄면 죽을힘을 다해 달리는 짐승도 아니다. 리더가 분노하면 '왜 화를 내지?', '나를 싫어 하나?', '내가 도대체 뭘 잘못했지?' 등등의 불안이 밀려오고, 급기야는 '저런 폭력적인 팀장이랑 함께 일해야 한다니 끔찍해!' 같은 분노의 감정에 휩싸이게 된다. 구성원의 이러한 부정적인 정서는 결국 업무의 질을 떨어뜨리고 애초의 의도와 달리 오히려 성과가 저하되는 결과를 초래하고 만다.

열정은 강요한다고 생겨나는 것이 아니다

코칭 사례에 등장한 최 팀장 수준의 워커홀릭까지는 아니더라도 조직에서 리더의 위치에 오른 분들 대다수는 일에 대한 열정이 넘친다. 열정적으로 일을 한 덕분에 다들 리더의 위치까지 올랐을 테니 어쩌면 리더에게 열정은 선택이 아닌 필수일지도 모른다.

물론 리더가 제아무리 열정이 넘친다고 해도 혼자서 이룰 수 있는 것은 그리 많지 않다. 리더는 앞서서 진두지휘하며 방향과 비전을 제시하고 함께 목적지까지 갈 수 있도록 이끌 뿐, 정작 걸음을 내딛는 것은 구성원이다. 그래서 리더는 구성원이 자신과 같은 열정을 품어주기를 기대한다.

앞서 말했듯이 사람의 마음은 모두 제각각이라 그에 따른 태도나 행동도 차이가 나기 마련이다. 그 '차이'가 리더 자신의 기대를 무너뜨리면 실망감에 화가 나기도 한다. 업무에 대한 열정 또한 구성원 개개인의 수준이 다르고, 리더의 열정과도 차이가 있다. 이때 리더의 열정이 너무 과도해서 끊임없이 구성원을 닦달하고 다그친다면 모두들 극심한 스트레스를 받을 수 있다.

리더는 성과 향상이나 목표에 대한 몰입력을 높이기 위해 구성원에게 언성을 높일 수 있다. 구성원의 태도나 성과가 성에 차지 않으면 버럭 화를 낼 수도 있다. 하지만 이 과정에서 자신의 기대에 부응하지 못한다는 이유로 폭언과 막말 등으로 잦은 분노를 표출한다면 그 결과는 애초에 의도한 바와 전혀 다르게 나타날 수 있다.

열정은 조급해하며 다그친다고 해서 일순간에 생겨나지 않는다. 오히려 칭찬과 인정이나 격려, 배려와 지원 등의 올바르고 지혜로운 방식으로 동기를 부여하며 꾸준히 끌어올려야 한다. 리더의 과도한 열정과 그에 따른 반작용으로 분출되는 올바르지 못한 분노는 구성원에게 극심한 스트레스를 주어 정신적 폭력으로까지 느껴질 수 있다. 그 결과 직원들은 업무에 대한 의욕을 잃고 팀은 물론 회사에 대한 애정마저 잃을 위험이 있다.

2017년에 고용노동부가 펴낸 〈직장 내 괴롭힘 대책 마련을 위한 실태조사 보고서〉에는 조직 내의 지나친 경쟁과 성과 위주의 평가로 극단적인 선택을 한 A 과장의 사례가 담겨 있다. 중견기업에 근무한 지 10년이 된 A 과장은 업무 능력을 인정받아 본사 영업부로 발탁되어 열심히 일하고 있었다. 그런데 새롭게 리더로 부임한 L 본부장이 회사의 재무적 위기를 극복하고자 TF(Task Force)를 구성하여 직원들을 강하게 압박하기 시작했다.

TF의 팀원으로서 해외 출장을 다녀온 A 과장이 기대했던 만큼의 결과를 가져오지 못하자 L 본부장은 "회삿돈으로 놀러나 다닌다"고 폭언을 하고 A 과장이 작성한 보고서를 찢고 사무용품을 집어던졌다. L 본부장의 폭력적인 분노 표출이 잦아질수록 A 과장의 표정은 점점 더 어두워졌고, 급기야 연차를 내고 잠적하여 스스로 생을 마감했다.

L 본부장은 회사를 위해 직원들에게 성과를 다그쳤던 것이고,

그 과정에서 폭력적인 말과 행동이 튀어나왔을 뿐이라고 변명할지도 모른다. 그러나 결과적으로 누군가에게 극심한 고통을 주어 극단적인 선택을 하도록 이끌었다. 그리고 그로 인해 회사의 대외적인 이미지 하락은 물론 구성원들의 열정과 의욕도 더욱 떨어지는 결과가 이어졌다.

동기가 좋아도 그 과정이 올바르지 못하면 결과 또한 좋을 리가 없다. '알묘조장(揠苗助長)'의 주인공인 어리석은 농부처럼 더 빨리 자라게 하려 싹을 억지로 잡아당기다 보면 결국 뿌리가 뽑혀 말라 죽는 참담한 결과를 맞닥뜨릴 수밖에 없다. 제아무리 열정이 넘쳐도 그것이 구성원에게 올바른 방식으로 전해지지 않으면 결국엔 조직에 해가 되고, 심하면 조직을 무너뜨리는 결과까지 초래할 수 있다.

갑질 분노엔 하이패스가 정답!

분노가 습관이 된 리더가 있다. 이런 사람은 앞뒤 맥락 없이 즉흥적으로 화를 내는데, 분노의 표현 또한 아주 거칠고 폭력적이다. 따라서 그의 질책이나 화가 말도 안 되는 헛소리로 들린다면 과감히 귀를 막아버려라. 아무리 그가 리더라고 해도 비이성적이고 비논리적이며 합리성이라곤 전혀 없는 헛소리를 한다면 한 귀로 듣고 한 귀로 흘려버려도 아무 상관 없다.

그런데 새겨들을 구석이 하나라도 보인다면 가능한 한 리더의 말에서 감정과 느낌을 뺀 객관적인 사실만 골라서 듣자. 그것이 리더의 잦은 막말 폭언에 최대한 덜 상처받고 더 많이 성장할 수 있는 방법이다.

Chapter 2.
조용한 을의 반격이 조직을 뒤흔든다

갑질 분노는 폭력이다

"오늘 퇴근 전까지 하반기 신상품 기획안 다 마무리해서 내 책상 위에 올려놔."

"네? 그거 어제 분명 다음 주 월요까지 해도 된다고 그러셨는데?"

"그래서? 그게 왜? 내가 오늘까지 하라면 하는 거지. 무슨 말이 그렇게 많아? 네가 팀장이야? 일 못 하는 것들이 꼭 핑계가 많아."

퇴근 시간을 두 시간 남겨놓고 한 팀장은 최 과장에게 갑작스레 기획안 제출을 지시했다. 어제 그 일을 맡기면서 다음 주 월요일까지 제출하면 된다고 분명히 말해놓고는 오늘,

그것도 퇴근 시각이 임박해서 말을 바꾸니 황당하기 그지없었다.

"어휴, 저 인간은 외근 핑계 대고 한참 밖에서 놀다 오더니 그사이 무슨 일이 있었나? 왜 또 심사가 꼬여서 우리를 들들 볶지?"

"이유가 뭐가 중요하겠어요? 인간이 원래 저렇게 생겨먹은 것을."

"그러게. 저런 인간을 리더로 두고 있는 내가 더 한심하네."

사실 황당함이나 업무에 대한 압박감보다 최 과장을 더 무겁게 짓누르는 감정은 모멸감과 자괴감이었다. 갑자기 일정이 변경되어 해당 기획안이 급히 필요하다면 자신에게 먼저 양해를 구하고 부탁을 하는 게 옳지 않은가. 그런데 너무나 당당히, 심지어 인격을 모독하는 말까지 하면서 화를 내는 그를 보며, 나이와 직급을 떠나 인간으로서의 기본조차 안 된 사람을 리더라고 따르며 청춘을 허비하고 있는 자신이 너무나 못나 보였다.

리더의 비인격적 폭언이 직원의 건강을 갉아먹는다

'계급이 깡패'라는 말이 있다. 군대와 같이 위계질서가 분명한 곳에서 일어나는 부당한 갑질 행위를 빗댄 표현이다. 능력과는 무관하게 계급이 높다는 이유만으로 절대복종을 강요당하고, 이를 어길 시에는 '깡패'가 하는 짓 같은 폭력적인 응징을 감수해야 한다는 의미이다. 그런데 이러한 '계급이 깡패' 법칙이 통하는 조직이 비단 군대만은 아니다. 직급에 따라 권력이 주어지는, 즉 암묵적인 계급 관계가 존재하는 직장에서도 권력의 우위에 있는 리더가 갑이 되어 부하직원인 을에게 부당한 행위를 하기도 한다. 흔히들 이를 두고 '갑질'이라 표현한다.

2019년에 구인구직 매칭플랫폼 사람인이 직장인 577명을 대상으로 '직장 내 갑질 현황'을 조사했다. 그 결과에 따르면, 응답자 69.2%가 '갑질을 경험해봤다'고 말했고, 갑질 피해자의 37.6%가 CEO나 리더로부터 '폭언 등 언어폭력'의 갑질을 당했다고 한다.

2019년 7월, '직장 내 괴롭힘 금지법'이 시행된 이후 관할 기관에는 다양한 내용의 직장 갑질 사례가 접수되었는데, 욕설이나 인격 모독적인 발언은 물론이고 직원을 향해 물건을 집어던지거나 직접적인 폭행을 가한 사례도 있었다.

부당한 지시나 비인격적인 행동에 항의라도 할라치면 "시키면 하면 되지, 무슨 말이 그리 많냐? 일 못하는 인간들이 꼭 토를 달지", "뭐라고? 야! 너 이리 와. 말로 안 되는 것들은 꼭 맞아야 정신을 차리지!"처럼 강압적인 말투로 모욕감을 주며 아예 말문을 틀어막아버린다.

상황이 이렇다 보니 직장인 열 명 중 일곱 명이 직장에서 갑질을 당한 경험이 있음에도 아무 말도 하지 못하고 냉가슴만 앓았다고 한다. 조사에서 갑질에 대응하는 방법으로 응답자 중 57.6%가 '그냥 참았다'고 답했다. 그 이유로 '어차피 바뀌지 않을 것 같아서(72.2%, 복수응답)', '불이익을 받을 것 같아서(55.2%)', '다들 참고 있어서(32.2%)' 등을 들었다.

'참으면 병이 된다'는 말처럼 안쓰러운 을의 침묵은 몸과 마음에 병을 불러왔다. 갑질을 당한 경험이 있다고 응답한 직장인의 82.2%가 그로 인해 극심한 스트레스를 받았다고 한다. 그리고 이들 중 91.5%는 스트레스가 두통(57.7%, 복수응답), 소화불량 등 위장장애(51.3%), 불면증(42.7%), 우울증, 공황장애 등 정신질환(27.3%) 같은 질병으로까지 이어졌다고 밝혔다.

리더의 갑질 행위와 직원 건강과의 관계는 실험을 통해서도 증명됐다. 캐나다에 있는 한 대학 연구진이 리더의 비인격적인 행동이 직원의 건강에 어떤 영향을 미치는가에 대해 연구를 한 적이 있다. 그 결과, 모욕이나 폭언 등의 리더의 비인격적 행동은 직원이 그것을 두고두고 곱씹는 과정에서 건강에 좋지 않은 영향을 미친다는 사실을 밝혀냈다. 즉, 한번 받은 스트레스는 일정 시간이 지나면서 사라지는 것이 아니라 해당 사건을 반복적으로 반추하는 과정에서 부정적인 감정이 더욱 커지고 오랜 시간 동안 지속된다는 것이다.

연구진은 1년의 기간 동안 4개월마다 총 3회에 걸쳐 교직원 168명에게 설문조사를 실시했다. 이때 '나를 비웃는다', '다른 사람 앞에서 나를 질책한다' 등의 열다섯 개 문항으로 비인격적인 관리 감독 경험을 조사했고, '나는 리더의 행동이 어떤 의미인지에 대해 다시 생각했다', '리더의 행동으로 인해 강한 감정의 파동을 경험했다' 등의 일곱 문항으로 반추 경험을 측정했다. 그리고 복통, 두통, 수면 문제 등의 열네 문항을 통해 신체 건강을 측정했다.

그 결과, 첫 번째 측정에서 비인격적인 관리 감독 수준이 강하게 나온 직원일수록 4개월 후인 두 번째 측정에서 리더의 행동을 곱씹는 반추 수준이 높은 것으로 나타났다. 그리고 응답자인 직원 스스로가 자신이 리더로부터 존중받지 못한다고 생각하는 경향이 강했다. 게다가 이들이 자신을 비인격적으로 대했던 리더의 행동을 더 자주 반추할수록 세 번째 측정에서 신체적인 건강이 더 나빠지는 것으로 나타났다. 이로써 연구진은 폭언과 같은 리더의 인격 모독적인 행동이 직원으로 하여금 스트레스를 곱씹게 만들고, 결국 심리적인 건강은 물론 신체적인 건강에까지 악영향을 미친다는 사실을 밝혀냈다(이 실험과 관련한 내용은 〈DBR(동아비즈니스리뷰)〉 280호에 실린 '리더의 폭력적 말—행동, 직원 건강에 악영향'에서 더 자세히 살펴볼 수 있다).

이외에도 중산층의 고학력자인 스웨덴 남성 3,000여 명을 대상으로 한 연구에서도 유사한 결과가 나왔다. 거친 말과 행동, 인격 모독적인 태도를 일삼는 갑질 리더와 일하는 직원은 인격적으로 훌륭한 리더와 일하는 직원과 비교할 때 흉통이나 심장마비의 위험이 더 크다는 결과가 나왔다.

이처럼 전문가들의 여러 연구 결과에 따르면, 직장에서 두려움, 증오심, 분노 등의 부정적인 감정을 경험하는 사람일수록 기타 다른 조건과 무관하게 건강이 나빠질 가능성이 크다. 부적절한 분노의 표출을 비롯해 리더의 갑질 행위는 직원의 건강을 해치고 수명까지 줄이는 치명적인 원인으로 작용할 수 있다. 그러니 화를 내는 이유의 정당성과 무관하게 화의 표출 방식이 비인격적이고 폭력적이어서 직원에게 스트레스를 유발한다면 직원의 건강 악화에 대한 책임에서 결코 자유로울 수 없다.

팀장과 팀원은 갑을관계가 아니다

박봉보다 더 싫은 것이 리더의 갑질 행위와 갑질 분노이다. 제 아무리 똑똑하고 업무 능력이 뛰어난 리더라도 직원을 대할 때 인격적인 모욕감을 주고 자존감을 무너뜨리는 말과 행동을 서슴지 않는다면 그와 함께 일하기를 바라는 사람은 없을 것이다.

회사는 물론이고 소규모 점포만 가봐도 들어서는 순간 직원들의 얼굴이 환하고 에너지 넘치는 곳이 있는가 하면 경직되고 어두운 얼굴로 마지못해 손님을 맞이하는 곳도 있다. 유심히 관찰해보면 직원들을 리드하는 관리자나 사장의 태도가 직원들의 분위기를 크게 좌우한다는 것을 알 수 있다.

"너 지금 뭐 하는 거야? 네 시급이 얼마인지나 알아? 손님이 없으면 청소라도 해야지, 앉아서 쉬고 있어?"

손님이 없을 때 잠시 휴식을 취하는 것조차 꼴 보기 싫어하는 리더가 있는가 하면, 직원들의 피로감을 고려해 서로 돌아가며 휴식을 취할 수 있도록 시스템을 갖춰둔 리더도 있다. 후자의 경우는 직원들이 서로 눈치를 볼 필요도 없이 자기 차례가 되면 당당하게 휴식을 취할 수 있고, 그렇게 재충전한 에너지로 일에 더 열중할 수 있다.

"조금 있으면 손님들 몰려올 텐데 밥 먹으면서 무슨 잡담이 그렇게 많아? 밥 먹다 말고 손님 맞기 싫으면 얼른 먹고 치워!"

사장 입장에서는 직원들이 밥을 먹고 잡담을 하는 시간조차 다 돈으로 보일 수 있다. 그러니 얼른 먹고 다시 업무로 복귀했으면 하는 마음이 크다. 그러나 직원의 입장은 다르다. 다 먹고살자고 하는 일인데 밥을 먹는 것조차 눈치를 주니 내가 왜 계속 여기서 일을 해야 하는지 회의감이 들기까지 한다. 이러한 불만과 짜증은 업무에 악영향을 미칠 수밖에 없으며, 이는 사장으로서도 큰 손해가 아닐 수 없다.

트랜지스터의 개발자이자 노벨물리학상 수상자인 윌리엄 브래드퍼드 쇼클리(William Bradford Shockley Jr.)는 미국에서 최악의 CEO로 평가받는 인물이다. 그는 반도체에 대한 아이디어를 최초로 제안하고 실리콘밸리에 제일 먼저 전자업체를 설립했을 정도로 똑똑하고 유능했다. 하지만 결국 그는 사업가로서는 실패한 삶을 살고 만다.

그는 자신의 회사를 성장시키기 위해 당시 최고의 능력을 갖췄다고 판단되는 인물을 일일이 찾아다니며 설득해 회사에 영입했다. 그러나 어렵사리 모셔온 인재들은 사람을 신뢰하지 못하고 무시하는 리더의 괴팍한 성격을 견디다 못해 하나둘 회사를 떠나갔다. 게다가 그들 중에는 직접 유사한 회사를 차려 쇼클리의 경쟁자가 된 사람들도 있었다.

쇼클리는 요즘의 잣대로 본다면 전형적인 갑질 오너였다. 직원들의 능력을 의심하며 무시하는 것은 물론이고, 기대에 부응하지 못할 땐 인격적인 모욕도 서슴지 않았다. 심지어 직원들의 월급이 적힌 종이를 회사 벽에 떡하니 붙여 서로의 능력을 월급으로 비교하게 했고, 마음에 들지 않는 직원은 사람들이 보는 앞에서 가차 없이 해고하기도 했다. '내 회사에서 내 마음대로 하는데 누가 뭐라고 할 것이냐'와 같은 리더의 안하무인한 태도가 결국 훌륭한 인재를 모두 떠나게 했고, 그중 몇몇을 자신의 경쟁자로 만들어 사업적인 위기까지 맞게 되었다.

왜 멀쩡하던 사람도 리더가 되면 '갑'이 되고 '갑질'을 하는 것일까? 다양한 이유가 있겠지만, 무엇보다 업무적인 직위를 관계의 직위로 착각하는 탓이 크다. 리더의 흔한 착각 가운데 하나가 조직에서 자기가 상대보다 윗사람, 더 나은 사람이라고 생각하는 것이다. 실제로 많은 리더가 부하직원을 마치 자신보다 신분이 낮고 여러 면에서 부족한, 아랫사람처럼 대한다.

업무지시를 할 때도 권위적이고 고압적인 태도를 유지하고, 퇴근 후 등 업무 외적인 상황에서도 어깨에 잔뜩 힘이 들어가 있다. 게다가 화가 나면 이러한 갑질이 극에 달한다. 자신보다 직급이 높은 사람에게는 화를 참거나 최대한 예의를 갖춰 표현하지만 부하직원에게는 상대가 상처를 받든 말든 크게 고려하지 않는다. 심지어 개중에는 막말이나 욕을 하면서 상대의 인격과 존엄성을 무참히 짓밟고, 물리적인 폭력까지 가해 몸과 마음을 동시에 상처 입히는 이들도 있다. 나보다 못한 아랫사람이니 당연히 그래도 된다고 생각하는 것이다.

엄격히 따지자면 리더는 윗사람이 아니다. 회사와 직원은 고용계약으로 맺어진 관계고, 업무의 효율성을 높이기 위해 각자의 직위를 정한 것뿐이지 리더와 부하직원은 갑과 을의 수직적 관계가 아니다. 조직 내에서 편의상 직위와 직급으로 구분된 동료이며, 조직의 목표 달성을 위해 서로 협력해야 하는 관계이다.

실제로 세계적으로 인정받는 혁신 기업 중에는 조직 내 서열과 직급을 파괴하고 수평적인 문화를 정착시키기 위해 노력하는 사례가 늘고 있다. 그 대표적인 예가 호칭 파괴이다. 팀장, 부장, 과장이라는 직급 대신 'ㅇㅇ님'이라며 상대의 이름을 부르거나 '프로', '매니저' 등 업무와 관련된 호칭으로 부르는 것이다.

사실 이러한 형식보다 중요한 것이 바로 인식의 변화이다. 조직 내 구성원들이 직급에 상관없이 서로를 동등한 인격체로 보며 명령과 지시가 아닌 협력과 협조의 개념으로 업무를 받아들여야 한다.

"위계적 조직에서 발생하는 각종 문제의 원인은 직급 구조 자체가 아니라 직급에 따라 개인의 가치가 달라진다고 착각하는 사람과 문화에 있다."

월트 디즈니 애니메이션 스튜디오의 회장인 에드윈 캣멀(Edwin Catmull)이 한 이 말은, 직급이 있고 없고의 문제가 아니라 직급이 높다고 해서 자신이 상대보다 높고 우월한 사람이라 착각하는 사람들이 문제라는 의미이다. 따라서 서열과 직급을 없앤 호칭 파괴와 수평적인 업무 혁신도 중요하지만 그 무엇보다 시급한 것은 사람 위에 사람 없고 사람 아래 사람 없는, 모두가 동등한 인격체라는 것을 인정하는 인식과 문화의 확산이다.

'모욕감'은 분노보다 더 부정적인 감정이다

네덜란드 암스테르담대학교의 마르터 오턴(Marte Otten) 교수와 마스트리히트대학교의 카이 요나스(Kai J. Jonas) 교수는 인간이 느끼는 가장 강렬한 감정 중 하나가 모욕감이라는 연구 결과를 발표했다.

연구팀은 피험자들을 세 그룹으로 나눠 그룹별로 각각 다른 이야기가 적힌 시나리오를 읽은 후 그 상황을 상상하게 했다. 이때 세 그룹이 각각의 상황에서 느끼는 감정은 '모욕감', '분노', '행복'으로 구분된다.

연구팀은 피험자의 뇌파를 측정해 세 그룹이 느끼는 감정이 얼마나 강렬한지를 측정했는데, 모욕감이 분노보다 더 부정적으로 느껴지고, 행복감보다도 더 강력하게 느껴진다는 결과를 얻었다.

이러한 연구 결과를 통해 내 안의 분노를 표출하면서 상대에게 모욕감이 드는 말과 행동을 한다면 이는 상대에게 더 큰 분노를 불러일으킬 위험이 있음을 예견할 수 있다.

갑의 분노보다 더 무서운
을의 반격

"네가 부장이야? 네가 사장이야? 하라면 하지 신입 주제에 무슨 말이 그렇게 많아? 네까짓 게 뭘 안다고!"

"네, 알겠습니다…."

"김 대리가 그렇게 똑똑해? 그렇게 잘났어? 잘 모르면 윗사람이 시키는 대로 해. 이런저런 토 달지 말고!"

"네, 그렇게 하겠습니다."

업무상 이견이 있을 때 서로의 의견을 절충하거나 설득하기보다는 버럭 화를 내며 무조건 따르기를 강요하는 리더가 있다. 그러면 부하직원은 더 이상 승강이를 하기 싫어서 "알겠다"며 입을 다물어버린다. 그런데 알겠다며 수긍하는 것과 그것을 잘 따르는 것은 별개의 문제다. 대놓고 업무지시를 거역하지는 않더라도 평소보다 훨씬 더 소극적이고 부정적인 태도로 업무에 임하게 될 테니 일 처리 속도나 성과 측면에서 볼 때 결코 만족스러운 결과가 나올 수 없다.

이외에도 원치 않는 야근을 지시받을 때, 부당한 업무가 주어질 때, 동료와 비교당하며 성과를 강요당할 때 등등 가뜩이나 내키지 않는 상황에서 리더가 버럭거리며 화까지 내면 저도 모르게 코에서 콧김이 뿜어져 나온다. 마지못해 지시를 따르긴 하지만 열심히, 잘해줄 마음은 전혀 없다.

곱씹을수록 커지는 내 안의 분노

리더로서 조직을 이끌어가다 보면 화나는 상황을 종종 겪는다. 이때 자신의 감정을 여과하지 못한 채 날것 그대로 표출하게 될 때도 있다. 분노는 격렬하고 공격적이며 파괴적인 감정이라서 저도 모르게 목소리가 높아지고 욕설 같은 험한 말을 사용하고, 심지어 상대의 인격을 모독하는 표현을 하기도 한다.

리더의 올바르지 못한 분노 표출에 조직 구성원은 다양한 방식으로 저항한다. 비록 극소수이긴 하지만 리더에게 직접 저항하며 따져 묻기도 하고 리더의 지시를 따르지 않기도 한다. 하지만 대부분은 리더가 없는 곳에서 험담을 늘어놓거나 일부러 실수를 저지르는 등의 소극적인 저항에 그친다. 형태나 강도가 어떠하든 이러한 저항심의 바탕에는 리더에 대한 복수심과 적대감이 깔려 있다.

분노 폭탄을 투척하는 리더에게 복수심과 적대감을 품는 것은 구성원 개인의 선악이나 성향과는 무관한 인간의 자연스러운 심리적 현상이다. 사람은 분노, 우울, 슬픔, 불안, 공포와 같은 부정적 정서(negative affectivity)를 경험하면 그러한 감정을 해결하기 위해 정서조절전략을 활용한다. 정서조절전략은 적응적 정서조절전략과 부적응적 정서조절전략으로 나눌 수 있는데, 분노를 경험한 후에 사람들은 부적응적 정서조절전략인 '분노 반추(anger rumination)'를 많이 사용한다고 보고된 바 있다.

분노 반추는 나를 분노하게 했던 사건을 계속 되새김질하는 인지 과정으로, 딱히 의도하지 않아도 분노를 유발한 상황이 계속 생각나서 그 사건에 대해 곱씹고, 그때의 불쾌하고 불편했던 감정을 계속 떠올리게 되는 행동을 말한다. 이러한 분노 반추가 이어질수록 분노의 감정은 점점 더 확대되어 분노를 유발한 상대에 대한 거부감이 커지고, 업무에 대한 애정과 집중력 또한 떨어진다.

이뿐만 아니다. '팀장은 원래부터 나를 싫어했어', '팀장은 명문대를 나온 박 과장만 좋아하고 지방대를 나온 나는 무시하고 싫어해'처럼 본질에서 벗어난 왜곡된 사고를 강화하거나, '아, 모르겠어. 될 대로 되라지. 내 회사도 아닌데 알게 뭐람', '문제가 생기면 잘난 팀장이랑 박 과장이 해결하겠지. 나야 욕 좀 들으면 그만이지'와 같이 문제해결 능력을 손상해 문제를 더 악화시킬 수 있다.

분노 반추는 공격성과 적대감을 키우고 모호한 사건에 대한 부정적이고 왜곡된 해석을 부추길 위험이 있다. 즉, 조직에서 리더로부터 과도하거나 부당한 갑질 분노를 경험한 조직 구성원은 '분노'라는 정서적 반응을 일으키고, 이후 분노 반추를 통해 이를 곱씹으며 분노의 감정을 더욱 키워간다. 그 결과 리더의 다른 행동도 무조건 부정적인 시각으로 바라보고 판단하게 되는 것이다.

분노 반추의 과정을 반복하면서 처음보다 훨씬 더 단단해지고 커진 조직 구성원의 분노는 다양한 보복행위를 유발한다. 이때 조직 구성원은 억울한 마음이 크더라도 후환이 두려워 리더에게 분노를 직설적으로 표출하기 어렵다. 그래서 대부분은 자신의 분노를 억압하면서 소극적인 보복 방법을 찾게 된다.

관련 연구에 따르면, 리더로부터 공격적이고 폭력적인 분노 표출 등의 비인격적인 대우를 받은 구성원은 보복할 여러 가지 방법을 찾아 앙갚음하는 행동을 한다. 더러는 리더의 지시를 실행하지 않는 직접 보복을 선택하기도 하지만 대부분은 일을 열심히 하거나 잘하려고 하는 긍정적 행동을 줄이는 소극적이고 간접적인 방법을 선택한다. 또 근무 시간에 겉으로는 일을 하는 척하면서 개인적인 문제를 처리하거나, 마감기한을 지키지 않고 보고를 누락하는 등의 일탈 행동을 통해 리더를 곤경에 빠뜨린다.

리더의 분노 표출이 조직 구성원의 일탈 행동에 미치는 영향에 있어 분노 반추가 중요한 요인이 된다는 것은 '정서사건이론(affective events theory)'으로 설명할 수 있다. 정서사건이론은 조직 심리학자 하워드 와이스(Howard M. Weiss)와 러셀 크로판자노(Russel Cropanzano)가 개발한 모델로, 조직 구성원이 직무를 하면서 경험하는 다양한 감정과 기분이 직무 성과와 직무 만족에 영향을 미치는 원리를 설명한다. 즉, 조직 구성원은 직무 현장에서 기쁨, 즐거움, 만족감, 분노, 실망감 등 다양한 정서 반응을 유발하는 여러 사건을 경험하는데, 이러한 정서반응이 그들의 직무 태도에 영향을 미친다는 것이다.

공정함에 대한 불만이 일할 맛도 없앤다

분노와 같은 부정적 정서는 단순히 분노를 표출한 리더와 분노의 대상이 된 조직 구성원 개인 간의 문제로 끝나지 않는다. 건강하게 표출되지 못한 분노는 마음속에 앙금으로 남아 과업 수행에 부정적인 영향을 미치고, 조직 전체의 업무성과에도 부정적 영향을 미친다.

캐나다 윌프리드로리어대학교의 린디 한유 리앙(Lindie Hanyu Liang) 교수와 연구진은 저주 인형(voodoo doll)을 핀으로 찌르는 행위가 분노 해소에 도움이 된다는 사실을 밝혀냈다. 더불어 이러한 상징적인 보복행위만 해도 그간 리더와의 관계에서 훼손된 공정성이 회복되는 데 도움이 된다는 것을 밝혀냈다.

미국과 캐나다의 직장인 229명을 대상으로 실시한 해당 조사에서 연구진은 평소 자신을 부당하게 괴롭혔던 리더에 대한 분노를 아무런 해소책 없이 그냥 두었을 때에 비해, 저주 인형을 바늘로 찌르는 상징적인 행위를 했을 때 분노의 감정이 3분의 1로 줄어든다는 사실을 알아냈다.

연구진은 실험 참가자를 두 그룹으로 나눈 후 그중 한 그룹의 참가자들에게 직장에서 리더에게 모욕당한 경우를 떠올리며 온라인 게임상의 저주 인형에 해당 리더의 이름을 붙이게 했다. 그러고 나서 인형을 핀으로 찌르거나 집게로 꼬집고, 심지어는 불로 태우고 펜치로 눈을 떼는 등의 상징적인 응징행위를 하도록 했다. 이후 연구진은 참가자가 느끼는 공정함의 정도를 측정했는데, 저주 인형을 이용해 미운 리더를 응징한 사람이 그렇지 않은 사람에 비해 공정함에 대한 만족감을 훨씬 많이 느낀 것으로 나타났다. 이러한 결과를 토대로, 연구진은 굳이 저주 인형이 아니더라도 리더 사진에 다트 던지기 등의 상징적인 보복행위만 해도 그간 리더에게 부당한 대우를 받으며 쌓였던 분노와 불만이 줄어들고, 조직과 업무에 대한 애정을 회복하는 데 도움이 될 것이라고 했다.

이 실험에서도 알 수 있듯이 리더의 모욕적인 언행은 직원에게 분노를 유발할 뿐만 아니라 인간 대 인간으로서 서로 공정한 입장에 있지 않다고 인식하게 만들 수 있다. 그리고 이러한 공정성에 대한 의심과 부정적인 인식은 소극적이고 반항적인 업무수행 태도를 유발해 성과에도 악영향을 미칠 수 있다.

한편, 리더 입장에서 볼 때 비록 인형이긴 하지만 거기에 리더의 이름을 붙이고 폭력적인 행위를 한다는 것이 불쾌할 수도 있을 것이다. 그러나 이런 상징적인 보복행위로도 조직 구성원이 느꼈던 불공정함이나 불만이 완전히 회복되지 않는 것을 보면 리더의 부당한 괴롭힘이나 올바르지 않은 분노 표출이 직원들의 마음에 얼마나 큰 상처를 남기는지 짐작할 수 있다.

최근에는 조직의 위계적 권력 구조가 점점 수평적인 구조로 변화되어감에 따라 실무적 차원에서 리더의 권한이 점점 위축되는 데다 SNS나 '직장 내 괴롭힘 금지법' 등 직원이 불만과 부당함을 호소할 창구도 점점 늘어나고 있다. 따라서 리더는 예전처럼 막무가내로 직위에 따라 부여받은 권위와 권력을 내세워 직원들을 몰아쳐서는 안 된다. 직원의 해소되지 않은 분노 그리고 분노 반추에 의해 점점 커지고 강해지는 분노가 언제 어떤 방식으로 폭발할지 모르니, 리더는 구성원과의 갈등을 최소화하고 분노의 감정이 들더라도 이를 지혜롭게 표현하는 기술을 익힐 필요가 있다.

리더가 싫으면
회사에도 정떨어진다

"야! 너 지금 어디 갔다 오는 거야?"

"점심시간이라서 밥 먹으러 다녀오는…"

"넌 일을 그따위로 해놓고 목구멍으로 밥이 넘어가냐!"

"죄송합니다…"

오늘도 어김없이 박 부장은 김 과장을 쥐 잡듯이 잡아대고, 김 과장은 습관처럼 어깨를 움츠렸다. 무슨 일을 어떻게 잘못했는지는 모르지만, 리더가 화를 내니 일단 몸을 낮춰야 한다. 그러지 않으면 1절로 끝날 일도 2절, 3절까지 이어지니 말이다.

"어휴, 짜증 나. 또 시작이야. 정말 내가 이놈의 회사를 때

려치우든지 해야지.”

　저만치서 최 대리가 주먹을 움켜쥐며 박 부장을 쏘아보았다. 서로 격려하고 칭찬하며 사이좋게 지내도 하루 여덟 시간 이상씩 일에 파묻혀 에너지를 집중하면 진이 다 빠진다. 그런데 저렇듯 걸핏하면 소리를 지르고 화를 내니 분노 표출의 대상인 김 과장은 물론이고 이를 지켜보는 다른 직원들까지 덩달아 마음이 불편해지고, 업무집중력도 현저히 떨어진다.

리더의 분노는 후폭풍을 몰고 온다

　곤경에 처한 이웃을 돕는 아름다운 선행을 가까이서 목격하는 것만으로도 우리는 마음이 훈훈해진다. 내가 사는 이 사회가 아직은 살 만한 곳이라고 느껴지며, 나도 미약하나마 다른 사람에게 도움이 되는 일을 해보리라 다짐하기도 한다. 이처럼 긍정적인 감정은 아름다운 불빛처럼 주변을 환하게 밝혀준다.

　긍정적인 감정의 경험과 마찬가지로 분노 같은 부정적인 감정의 경험도 이후의 태도에 영향을 미치고, 주위로 빠르게 확산된다. 특히 조직은 상호작용이 빈번하게 일어나는 곳인 만큼 감정의 확산도 빠르다. 직장 내에서 벌어지는 분노 표현은 분노의 대상이 되는 사람과 분노를 느끼고 표현하는 사람은 물론이고 옆에서 이를 관찰하는 사람까지 모두에게 영향을 미칠 수 있다. 더군다나 분노처럼 강렬한 감정은 다른 감정보다 더 정확하고 빠르게 인지되어 타인의 행동에 즉각적으로 영향을 미칠 수 있다.

플로리다주립대학의 트레버 폴크(Trevor Foulk)와 동료 연구자들은 타인의 무례한 행동을 지켜본 사람은 이후 '무례함'에 대해 민감해진다는 사실을 밝혀냈다. 연구진은 실험실에 늦게 도착한 참가자에게 인격적인 모독을 하며 혼을 냈다(물론 이는 해당 참가자와 사전에 협의한 연출된 장면이다). 그리고 실험에 참가한 모두가 이 장면을 지켜보게 했다.

이후 모든 참가자에게 여러 단어를 보여주며 '존재하는 단어'와 '존재하지 않는 단어'를 신속하게 찾아내게 했다. 그런데 신기하게도 인격적인 모독을 하며 화를 내는 무례한 행동을 지켜본 참가자들은 무례함과 관련된 단어를 더 빨리 찾아냈다. 연구진은 이를 통해 타인의 폭력적인 분노 표출 같은 무례한 행동을 지켜본 것만으로도 오래도록 그 불쾌함이 남아 이후의 생각이나 행동에 영향을 미친다는 것을 밝혀냈다.

또 다른 연구에 의하면 리더의 분노한 모습과 행복한 모습은 구성원의 정서에 서로 다른 영향을 주었다. 걸핏하면 화를 내는 리더와 함께 일하는 조직의 구성원은 리더에 대해 부정적인 인상을 가질 뿐만 아니라 본인 스스로도 화를 내는 일이 잦았다. 반면, 행복한 리더와 함께 일하는 조직의 구성원은 리더를 긍정적으로 인식하며 스스로도 행복한 감정을 품고 있었다. 이처럼 리더의 감정표현은 조직 구성원의 감정에 직접적인 영향을 미칠 만큼 그 힘이 크다.

그뿐 아니다. 리더의 감정표현은 일의 성과에도 영향을 미친다. 리더가 구성원에게 업무의 피드백을 전달하는 과정에서 바람직하지 못한 방식으로 분노의 감정을 표현하면 결국 업무성과에도 부정적인 영향이 초래되었다. 즉, "일을 왜 이따위로 하지? 머리가 둔한 거야? 열정이 없는 거야?", "누가 그 돈을 주고 이런 쓰레기 같은 제품을 사겠어? 너 같은 멍청이나 사지. 안 그래?"와 같이 업무의 피드백에 상대를 무시하고 모욕하는 등의 부정적인 감정 표현이 섞이면 업무성과도 떨어졌다.

반면, 부정적인 내용의 피드백을 하더라도 리더가 "신상품 기획하느라 고생 많았어. 이번에는 아쉽게도 만족할 만한 결과물이 나오지 않았지만 분명 다음에는 기대 이상의 좋은 결과가 나올 거야. 난 자네라면 꼭 그럴 수 있을 거라 믿어"와 같이 긍정적인 반응을 보일 때 팀의 성과가 개선되었다. 이처럼 리더의 감정 표현은 조직 구성원의 업무수행에 영향을 미치고 조직의 성과와도 관련이 있는 만큼 리더의 분노라는 정서는 개인을 넘어 조직의 차원에서 잘 관리되어야 한다.

리더의 분노는 빠르게 확산된다

얼마 전 도로 위에서 승용차가 달리는 시내버스를 가로막아 세우는 장면을 목격한 적이 있다. 승용차 운전자는 자신의 차에서 내려 버스 운전자에게 다가가더니 삿대질을 하며 막말을 해대기 시작했다. 승용차 운전자는 자신이 가려는 길을 버스가 막았다며 크게 화를 냈고, 버스 기사는 자기가 언제 그랬느냐며 큰 소리로 맞받아쳤다. 이 과정에서 버스에 타고 있던 승객들까지 합세하여 "바빠 죽겠는데 뭐 하는 짓들이냐!"며 버럭 소리를 질렀고, 지나가던 차량도 교통의 흐름을 방해하는 두 운전자를 향해 경적을 울리며 분노를 표출했다.

아침 출근길에 벌어진 '도로 위의 분노' 사건을 목격하며 한 사람의 격렬한 분노 표출이 짧은 순간에 많은 이에게 전염된다는 사실에 새삼 놀라움을 금치 못했다. 인간의 많은 감정이 주위 사람에게 영향을 미치며 전염되지만, 특히 분노처럼 격렬하고 공격적인 감정은 확산 속도가 아주 빠르다.

'로드 레이지(road rage)', 즉 '도로 위의 분노'는 분노의 전염성을 잘 보여주는 대표적인 사례이다. '그 사람의 성격을 알려면 운전하는 모습을 관찰하라'라는 말이 있을 정도로 평소에는 멀쩡하던 사람도 운전대만 잡으면 거친 야수로 돌변하는 경우가 많다. 누군가 내 앞을 가로막으려는 시늉만 해도 마치 자신의 인생을 가로막는 것 같은 기분을 느끼며 분노하고, 갑자기 끼어든 운전자에게 보복하기 위해 자신의 생명을 거는 위험천만한 질주도 마다하지 않는다. 게다가 이러한 도로 위의 분노는 순식간에 여러 차량의 운전자들을 자극해 분노를 끓어오르게 한다.

탁 트인 도로에서 생면부지의 낯선 이와 접하면서도 이럴진대, 매일 제한된 공간에서 제한된 사람들과 만나 관계를 맺는 조직에서는 분노의 전염성이 훨씬 더 빠르고 강하다. 특히 위계적 권력 관계가 강한 조직일수록 리더의 분노는 빠른 속도로 조직 전체에 퍼져나간다. 그런데 리더의 분노 표출과는 달리 부하직원은 분노를 느껴도 이를 자유롭게 표현하지 못하는 경우가 많다. 그러다 보니 건강하게 해소되지 못한 분노가 차곡차곡 쌓여 더 크게 부풀어 오르거나 스트레스 덩어리가 되어 몸과 마음에 고통을 유발한다.

대부분의 사람은 30년 가까운 긴 세월을 직장에 다니며 자신이 속한 조직을 위해 헌신한다. 그것도 인생에서 가장 에너지 넘치고 반짝이는 청년기와 장년기의 시기를 지나오며, 하루 중 가장 기운이 차오르고 정신이 맑은 황금 시간대 전부를 온전히 직장의 일에 집중하며 최선을 다한다.

이렇듯 청춘을 다 바쳐서 일하는 직장에, 같은 공간에 함께 머무르기만 해도 끔찍한 리더가 있다면 어떨 것 같은가. 일의 성과를 닦달하고, 마음에 들지 않는 구석이 보이면 막무가내로 소리를 지르고 물건을 던지고, 걸핏하면 직원들을 비교하여 지나친 경쟁 구도로 몰아가서 서로를 동료가 아닌 경쟁자로 만들어버리는, 파괴적 성향의 리더가 있다면 어떨 것 같은가. 미꾸라지 한 마리가 깨끗한 물을 흙탕물로 만들어버리듯이 미운 리더 한 명이 그간 조직에 대해 쌓아온 긍정적인 인식을 무참히 무너뜨릴 수 있다.

아무리 업무에 보람을 느끼고 급여가 만족스럽고 복지가 좋아도 함께하는 사람이 끔찍할 정도로 싫으면 이 모든 것이 의미 없게 여겨지고, 급기야 퇴사까지 고민하게 된다. 특히 하루 중 가장 많이 부딪히는 조직의 리더가 상식의 선을 지키지 않는 또라이에

114

갑질까지 서슴지 않는다면 직장에서 머무는 매 순간이 스트레스이고 고통일 것이다.

리더의 분노 표출 대상이나 그것을 지켜본 이는 살짝 건드리기만 해도 터지는 팽팽한 풍선처럼 감정적으로 매우 예민한 상태가 된다. 앞선 사례에서 박 부장에게 모욕적인 말을 들으며 분노 표출의 대상이 된 김 과장은 그 불쾌하고 분한 마음을 다스리지 못해 함께 일하는 동료들에게 감정을 표출할 수도 있다. 즉, 자신을 쳐다보고 있던 팀원들을 향해 "일들 안 해? 뭘 구경 났어!"라며 버럭 소리를 지를 수도 있고, 이런 김 과장의 태도에 불쾌감이 든 최 대리가 일부러 큰 소리로 책상을 밀치며 팀 전체에 공포감을 조성할 수도 있다. 이처럼 분노는 그것이 잘못된 방식으로 외부로 표출될 시엔 자칫 더 큰 후폭풍을 몰고 오기도 한다.

한 사람이 분노의 불길을 올바르지 못한 방식으로 표출하면, 그 불길을 넘겨받은 분노 표출의 대상은 다시 자신의 안에서 더 큰 분노의 불길을 만들 수 있다. 그리고 그것을 조직에서 함께 일하는 동료들에게 표출하면서 그들의 기분을 상하게 하고, 의욕을 떨어뜨리는 등 조직 전체를 부정적인 분위기로 몰아갈 위험이 있다.

리더에 대한 반감이 조직에 대한 반감으로 확대된다

"아내가 예쁘면 처가 울타리까지 예쁘다"라는 말이 있다. 누군가가 예쁘고 좋으면 그와 관련된 모든 것들, 심지어 사소하고 보잘것없는 것까지도 예쁘고 좋아진다는 의미이다. 이 말을 역으로 해석한다면, 밉고 싫은 사람이 있으면 그 사람과 관련된 모든 것이 미워지고 싫어질 수 있다는 뜻이다.

직장에서도 마찬가지이다. "저 인간 때문에 회사 다닐 맛이 안 난다"라는 직장인의 흔한 투정처럼, 싫은 사람 한 명이 회사 전체를 부정적인 이미지로 만들어버릴 수 있다. 특히 조직의 리더처럼 자신보다 직급이 높고, 공식 혹은 비공식적인 권력을 가진 존재가 눈엣가시처럼 밉고 싫다면 이러한 반감이 조직 전체에 대한 반감으로 확대될 위험이 크다. 출근 시간이 다가올수록 짜증이 밀려오고 퇴근 시간이 가까워질수록 몸이 개운해지고 기분이 좋아지는 것 역시 업무적인 피로감보다는 싫은 사람에 대한 심리적인 거부감 때문일 가능성이 크다.

더군다나 현대의 조직은 내외부적인 환경의 급격한 변화로 구성원들의 불안감과 긴장감이 지속적으로 증가하고 있다. 이처럼 매우 예민한 정서 환경에서 리더의 폭력적이고 불합리한 행동은 조직 구성원이 상호작용 공정성이 낮다고 인식하게 만들어 '팀장은 도대체 왜 나한테만 이러는 거야?', '팀장은 왜 나만 미워하지?', '팀장은 내 능력에 대해서 왜 항상 낮게 평가하지?'처럼 자신이 부당한 대우를 받는다는 생각을 키울 수 있다. 게다가 이러한 생각은 구성원에게 강한 스트레스를 유발하고, 소속된 조직 자체를 부정적으로 생각하게 만들 수 있다.

사회정체성이론(social identity theory)에 따르면 사람들은 자신이 속한 조직의 특성과 연결해 그 안에서 자신의 정체성을 찾으려 하고 동일시하게 된다. 자신이 그 조직에 소속되어 있다는 사실에 자부심을 느끼고자 하며 다른 구성원들과 동질감을 느끼며, 조직에 대한 애착과 관여도를 높인다. 그런데 평소 높은 상호작용 공정성을 인식하고 있던 조직 구성원이 리더의 올바르지 못한 분노 표출로 부정적 정서를 경험하면, 높은 상호작용 공정성과 리더의 분노 표출 사이에서 부조화를 경험할 수 있다. 이러한 부조화를 경험한 조직 구성원은 부조화를 감소시킬 전략으로써 조직의 정체성이 자신의 개인적 정체성과 맞지 않는다고 판단해 조직에 부정적인 태도를 보일 수 있다.

평소 "우리 팀장님은 무척 공정하고 정의로운 분이야"라며 높은 상호작용 공정성을 인식하는 조직 구성원은 리더를 신뢰하는 것은 물론이고 자신이 속한 조직에 강한 자부심을 갖는다. 그래서 자신의 사회적 정체성 또한 조직 안에서 찾는다. 그러나 믿었던 리더로부터 예상하지 못한 분노의 사건을 경험하는 순간에 인지 부조화가 발생하고, 이러한 부조화를 극복하는 차원에서 본능적으로 자신의 태도를 바꾸고자 노력할 수 있다. 즉, 조직 구성원의 상호작용 공정성 인식 수준이 낮은 경우보다 높은 경우 리더의 분노 표출에 더욱 예민하고, 그로 인한 감정의 부조화로 인해 다양한 일탈 행위 등 반생산적으로 행동으로 심리적인 보상을 받고 불균형을 해소하려는 것이다.

또한 리더의 분노 표출이 적을 때는 리더와 조직 구성원의 관계에서 축적된 상호작용 공정성 인식이 구성원의 분노 반추를 줄이는 긍정적인 효과를 낼 수 있다. 그러나 리더의 분노 표출이 많을 때는 상호작용 공정성 인식과 분노 표출 간의 부조화가 작용하여 구성원의 분노 반추를 증폭하는 효과를 낼 수 있다.

이러한 연구 결과는 자칫 리더들에게 직원들이 자신을 아주 공정하고 정의로운 리더로 인식하고 있으니 절대 화를 내서는 안 된다는 말로 들릴 수도 있지만 그렇지 않다. 오히려 화가 날 때는 화를 내야 하며, 대신 공정성을 유지한 지혜로운 감정의 표현이어야 함을 강조하고자 한다.

빠르게 변해가는 조직 환경으로 인해 구성원들의 심적 부담감이 나날이 커지고 있으며, 불확실한 환경으로 인한 불안감으로 지쳐가고 있다. 또한 고용 안정이 보장되던 시대와는 달리 불확실성이 커진 오늘날의 조직 구성원들에게 리더의 분노 표출로 인한 스트레스는 무척이나 민감한 문제이다. 따라서 리더는 조직 내 합의를 통해 정확한 역할 분담과 객관적인 업무의 기준을 마련하고, 구성원 모두가 자신이 맡은 역할을 잘해낼 수 있도록 격려를 아끼지 않아야 한다. 또한 감성 리더십을 발휘하여 조직 구성원이 심리적 안정감을 갖고 일할 수 있도록 편안한 근무환경을 조성해주어야 한다.

을의 시대가
오고 있다

"제가 일을 잘 못 한다는 이유로 사수가 시도 때도 없이 욕설을 합니다. 게다가 피우고 있던 담배와 라이터를 제 얼굴을 향해 집어던지고 손찌검까지 했어요."

"차장은 사적인 일로 기분이 나쁘면 아무나 한 놈만 걸려보라며 벼릅니다. 그러다 눈에 들어오는 한 사람을 붙잡아 트집을 잡으며 모욕적인 폭언을 하고 서류를 집어던지는 등의 폭력적인 행위도 서슴지 않아요."

"감기에 걸려서 사무실에서 패딩을 입고 마스크를 쓰고

있으니 팀장님이 저에게 옷에서 냄새가 난다며 화를 내고 시
장에서 산 물건만 쓴다며 비아냥거렸어요.”

2019년 7월 16일, 우리나라는 근로기준법을 개정해 '직장 내
괴롭힘 금지법'의 시행을 알렸다. 위 내용은 해당 법의 시행 이후
실제 고용노동부에 접수된 사건 사례이다. 직장 내 괴롭힘 사례에
대한 고용노동부의 분석 자료를 보면, 해당 법의 시행 이후 1개월
간 총 379건의 진정사건이 접수되었다. 이 중 40.1%가 직장 리더
의 폭언에 관한 것이고, 물리적인 폭행도 1.3%에 이르렀다.

을의 분노가 꿈틀댄다

광고대행업체 직원이 질문에 답변을 제대로 못했다고 소리를
지르고 물컵을 던지며 분노를 표출한다. 서비스로 제공되는 견과
류를 매뉴얼대로 내오지 않았다고 사무장을 불러 무릎을 꿇리고
급기야 이륙 준비를 하던 비행기를 돌려 그를 내리게 한다. 연봉
협상 중에 임금인상을 요구하는 직원에게 콜라가 든 유리컵을 던
진다. 이 모든 것이 돈과 지위로 갑이 된 이들의 엽기적인 갑질 분

노 행각이다.

분노한 갑의 눈엔 자기 회사를 위해 열심히 일하는 직원은 물론이고 거래처 직원, 심지어 고객까지 모두 을로 보이는 듯하다. 더욱 씁쓸한 것은 이러한 폭력적인 갑질이 비단 특정 계층만의 전유물이 아니라는 것이다. 나의 직장에, 내 가족의 직장에 갑은 늘 존재한다. 그리고 분노를 슬기롭게 다스리지 못해 표출되는 폭력적인 언행, 부당한 업무지시, 비인격적인 모멸 행위 등의 다양한 갑질이 행해진다.

현재 우리나라는 국제사회에서 '갑질공화국'이라고 불릴 만큼 사회 곳곳에 갑의 횡포가 만연하다. 오죽하면 외국에는 이러한 행태를 지칭하는 알맞은 표현이 없어 'Gapjil(갑질)'이라고 한국식의 표현을 그대로 사용할까.

2017년 국가인권위원회의 조사에 의하면 직장인 열 명 중 일곱 명 이상(73.3%)이 직장 내 괴롭힘의 피해를 경험했고, 열 명 중 한 명 이상(12%)은 거의 매일 괴롭힘을 당하는 것으로 조사됐다. 이처럼 우리 사회, 특히 직장 내 갑질 분노가 만연한 것은 신분적인 질서를 중요하게 여기는 오랜 유교적 문화와 빠른 업무수행과 성과의 창출을 위한 상명하복의 위계적 조직구조가 합쳐진 영향이 크다. 즉, 자신보다 낮은 직급의 사람은 당연히 신분이 낮은 사람이라 여기며 화가 나면 크게 소리를 지르고 모욕적인 말과 행동을 일삼고 심지어 폭력도 서슴지 않는 것이다. 그래야 더 빨리 목표를 달성하고 더 큰 성과를 창출할 수 있을 것이라 믿기 때문이다.

그나마 다행스럽고 희망적인 것은 우리 사회가 조금씩이나마 변하기 시작했다는 것이다. 지렁이도 밟으면 꿈틀댄다는 옛말처럼 이제 을은 자신을 짓밟는 갑에게 말없이 밟혀주지만은 않는다. 을은 갑에게 여러 방법으로 반격을 시작했고, 이런 을의 반격에 '법'을 비롯한 다양한 힘이 응원과 격려를 하고 있다.

갑질 피해자를 돕기 위해 민간단체도 힘을 보태고 있다. 2017년 11월에 출범한 민간 공익단체 '직장갑질 119'는 갑질을 당한 을의 억울한 심정을 공감해주고 문제를 해결하도록 적극적인 도움을 준다. '직장갑질 119'에는 2017년 11월 1일부터 2018년 10월 31일까지 1년의 기간 동안 2만 8,010건에 달하는 다양한 직장 갑질 사례가 접수됐다고 한다.

피해에 대한 호소와 해결방안에 대한 상담은 카카오톡 오픈채팅이나 변호사, 노무사, 노동 전문가, 일반 시민 등으로 구성된 200여 명의 스태프와 이메일을 통해 진행되는데, 갑질 피해를 당한 근로자에게 법적인 조언과 도움을 주는 것은 물론이고 필요에 따라 직장 내 노조의 설립과 단체협약 타결을 이끄는 등 다양한 방식으로 실질적인 도움을 주고 있다.

이처럼 을은 법을 적극적으로 활용하여 갑에게 제대로 맞서기도 하고, 갑의 횡포에 피해를 입은 수많은 을이 서로 연대하여 조직적인 힘을 만들어 대응하기도 한다. 또한 SNS 등을 통해 억울함과 분노를 호소하고 얼굴도 모르는 친구들의 공감을 통해 위로와 격려를 받기도 한다. 그간 '이건 아닌 것 같다. 이건 뭔가 잘못된 것이다'라며 막연히 속앓이만 하던 을이 어떻게든 울분을 터뜨리고 항의할 채널이 생긴 것만으로도 변화의 첫걸음으로 보여 큰 기대감을 준다.

시작이 반이다

'직장 내 괴롭힘 금지법'은 직장 내 괴롭힘을 '사용자 또는 근로자가 직장에서의 지위 또는 관계 등의 우위를 이용해 업무상 적정 범위를 넘어 다른 근로자에게 신체적·정신적 고통을 주거나 근무환경을 악화시키는 행위'로 규정했다. 즉, 갑이 갑질을 하여 근로자에게 신체적·정신적 고통을 주거나 근무환경을 악화시킬 경우, 법에 따라 처벌한다는 것이다.

갑의 부당한 행위에서 을이 보호를 받을 수 있는 법적인 장치가 마련되었다는 점에서 놀라운 변화가 아닐 수 없다. 그러나 아직 시행 초기라 해당 법에 맹점이 많은 것도 사실이다. 현행법은 피해자가 직장 내 괴롭힘을 당했을 때 갑 중의 갑, 즉 회사 대표나 사장, 인사 담당자 등에게 이를 신고하게 되어 있다. 그래서 이들이 가해자라면 해당 법은 무용지물이 되고 만다. 게다가 개별 사업장이 자율적으로 예방조치 체계를 마련하는 것에 중점을 두다 보니 정작 직장 내 괴롭힘이 발생했을 시에 가해자에 대한 직접적인 처벌 조항이 없다. 법이 종이호랑이 수준인 셈이다. 또한 피해 사실도 피해자가 일일이 증거를 준비해 입증해야 하니, 그 번거로움과 불편함도 고스란히 피해자의 몫이다. 더군다나 이 법의 가장 큰 문제는 '괴롭힘'에 대한 기준이 모호하다는 점이다.

이 모든 맹점과 더불어 더 큰 문제로 염려되는 지점은, 직장에서 갑에게 부당하게 갑질을 당한 을이 과연 가족의 생계를 내걸고 과감히 피해 사실을 폭로할 수 있을까 하는 것이다. 게다가 법이라는 정당한 절차를 따른다고 하지만 개인이 조직 내에서 자신보다 우월한 지위를 가진 사람과 싸우기란 생각만큼 쉽지가 않다. 그럼에도 이러한 맹점은 시간이 지나면서 차츰 개선되고 보완될 것이라 기대하며, '직장 내 괴롭힘 금지법'이 성숙한 사회로의 훌륭한 전환점이 되기를 고대하는 사람이 많다.

아직은 그 힘이 미미할지라도 이러한 법이 시행되었다는 사실만으로도 조직의 리더들은 은근히 긴장하는 듯하다. 강의와 코칭을 위해 여러 기업의 리더를 만나 보면 '직장 내 괴롭힘 금지법'에 대한 염려가 크다는 것을 알 수 있다. 물론 이들이 본인 스스로 직장 내 괴롭힘을 행하고 있다고 인정하는 것은 아니지만, 혹여라도 직원들이 자신의 행동을 괴롭힘으로 여겨 문제 삼지 않을까에 대한 염려는 있다. 리더 스스로가 이런 염려를 함으로써 평소 언행에 더욱 주의를 기울이는 계기가 되어주니 나쁘지 않은 시작이라 할 수 있다.

"과장님, 제게 그렇게 험한 말씀을 하시며 크게 소리 지르시는 것도 직장 내 괴롭힘에 해당합니다."

"아니, 무슨 소리야. 직장 내 괴롭힘이라니! 난 그냥 자네가 동생 같으니 다 자네 잘되라고 하는 말이지. 안 그런가? 허허."

"전 과장님의 동생이 아닙니다. 그리고 제가 정말 잘되길 바라신다면 좋은 말로 좋게 이야기를 해주십시오. 그렇게 하신다면 과장님의 진심이 더 잘 와닿을 수 있을 겁니다."

가상의 상황이긴 하지만 머지않은 미래에 리더와 부하직원은 갑과 을이 아닌 동등한 동료의 위치에서 이와 같은 대화를 하게 될 것이다. 조용한 을의 반격이 시작된 이후 그토록 굳건했던 갑의 지위가 흔들리고 있다. 화가 나면 버럭 화를 내면 그만이었던 이전과는 달리 '직장 내 괴롭힘 금지법'의 시행으로 하루에도 몇 번씩 화를 다독이며 호흡을 가다듬어야 한다. 통화 기능만 있던 휴대폰이 스마트폰으로 진화하면서 사진과 녹음은 물론이고 영상촬영 기능까지 갖추게 된 덕분에 자신의 과도한 분노 표출이 언제 어디서 도마 위에 오를 재료로 쓰일지 모른다.

'직장 내 괴롭힘 금지법'은 실효성에 논란이 많지만, 그럼에도 갑은 사회적 변화를 맞이하며 바짝 긴장하고 있다. 당연하다고 여겼던 갑의 지위를 스스로 내려놓지 않으면 법의 심판대 위에 오르거나 사회적 비난을 피할 수 없기 때문이다.

갑의 입장에선 이러한 변화의 물결이 다소 당황스러울지 모른다. 그러나 당황스럽다고 해서, 받아들이기 쉽지 않다고 해서 세계적인 변화의 물결을 거스를 수는 없다. 4차 산업혁명으로 불리는 정보통신기술의 융합과 혁신적인 발달로 인해 상명하복의 위계적이고 통제적인 기존의 조직구조가 무너지고 있다. 조직의 내외부가 네트워크화되고 공감과 신뢰를 바탕으로 한 자율적인 참여를 촉진하고 있다. 이러한 변화에 적응하지 못하면 기업 내부의 개개인은 물론이고 기업 자체도 경쟁에서 밀려날 수밖에 없다. 기업이 존재하지 않는다면 리더가 다 무슨 소용이겠는가.

리더의 화에 기름을 붓는 위험천만한 태도

정당한 화를 품격 있게 표현하고 있음에도 화가 가라앉기는커녕 점점 더 치밀어 오를 때가 있다. 이럴 때는 애초의 다짐과 달리 품격이 무너지고 의도치 않은 거친 말이 튀어나오기도 한다. 한마디로 뚜껑이 열리는 상황이 오는 것이다. 아무리 이성적인 태도를 유지하려 해도 상대의 반응에 따라 스멀스멀 화가 더 끓어오르기도 한다.

리더의 화에 기름을 붓는 위험천만한 부하직원의 태도를 아래에 정리해두었다. 참고하여 활용하기 바란다.

• 묻는 말에 대답하지 않거나 "네?"라고 반문한다

리더가 나름 화를 다스리며 이성적인 훈계를 한 뒤에 "내 말이 맞아, 안 맞아?"라며 묻는데, 이 간단한 질문에도 입을 꾹 다물고 침묵을 유지한다거나 "네?"라고 되묻는다면 리더는 순간 '뒷목'을 잡고 쓰러질지도 모른다. 리더는 자기 말에 대답이 없으면 자신을 무시한다고 생각하기 쉽고, 실컷 말했는데 질문에 "네?"라고 반응하면 그간의 이야기를 다 흘려들었다고 생각한다. 이런 괜한 오해를 사서 새로운 분노를 끌어올리지 않으려면 리더의 이야기를 경청하고 질문에도 분명하게 답하자.

- 질문이 달라져도 대답은 한 가지만 고수한다

"거기에 대해 어떻게 생각해?"

"열심히 하겠습니다!"

"자네의 그 행동이 옳았다고 생각하나?"

"열심히 하겠습니다!"

"도대체 뭘 어떻게 열심히 하겠다는 말이지?"

"열심히 하겠습니다!"

이쯤 되면 없던 화도 생겨날 판이다. "죄송합니다!", "시정하겠습니다!", "열심히 하겠습니다!"와 같은 상투적인 대답만 반복한다면 리더는 상대에게 진정성이 없다고 오해할 수 있다.

- 불필요한 변명을 구구절절 늘어놓는다

"김 대리, 이번 보고서에는 왜 이리 오타가 많아? 내용도 앞뒤가 안 맞는 것들이 있더군."

"아, 그게 제가 어제 마지막으로 점검을 한다는 것이 친구들과 갑자기 저녁 약속이 생기는 바람에 미처 살피지를 못했습니다. 오늘 아침에 일찍 나와서라도 살피려 했는데 평소보다 오히려 늦게 일어난 데다 하필이면 지하철도 눈앞에서 놓치고…."

왜 그런지 이유를 묻는 말에 변명만 구구절절 늘어놓고, 그 변명 내용조차 수긍할 수 없는 수준이라면 듣고 있는 리더의 분노 게이지는 더욱 상승할 수밖에 없다.

90년생, 갑에게 웃으면서 반격하는 '슈퍼 을'의 등장

"오늘 저녁에 우리 팀 회식한다는 얘기 들었지? 다들 빠지지 말고 꼭 참석해!"

오 팀장의 갑작스러운 회식 제안에 윤 과장은 팀원들에게 회식에 꼭 참석할 것을 거듭 강조했다. 아침부터 저기압의 기운을 노골적으로 풍기던 오 팀장이 아무래도 술 한잔하면서 직원들에게 위로라도 받고 싶은 모양이었다. 윤 과장은 미리 잡혀 있던 약속도 펑크 내고 회식에 참여하기로 했다. 오 팀장의 심기를 건드려봤자 좋을 게 없기 때문이다.

"지영 씨, 오늘 팀 회식이 잡혔는데 같이할 수 있겠어요?"

윤 과장은 모두에게 엄포를 놓듯이 회식 참석을 강요했지

만 정작 신입사원인 지영 씨에게만은 정중한 태도로 말을 건
넸다.

"저 월, 수, 금은 퇴근 후에 중국어 수업 듣는다고 지난번
에 말씀드렸잖아요. 오늘은 수요일이니 당연히 회식 참여는
힘들어요. 다들 제 몫까지 즐거운 회식 되세요."

"아, 그렇죠? 내가 알면서 또 괜히 물어봤네요."

환하게 웃으며 회식 불참을 통보하는 지영 씨는 지금껏
한 번도 본 적 없는 별종 직장인의 모습이었다. 지영 씨는 이
전 세대와는 전혀 다른 방식으로 세상을 살아가는, 전형적
인 90년대생 직장인 중 한 명이다. 윤 과장은 일정에도 없던
갑작스러운 회식을 90년생인 지영 씨에게 강요할 수도 없을
뿐더러, "직장 생활에서 가장 중요한 것은 리더의 비위를 맞
추는 것"이라는 괴상한 논리로 그를 설득할 자신도 없었다.

90년생이 온다

90년생이 신입사원으로 들어오면서부터 리더들은 무척이나
당혹스러워한다. 끓으라면 끓는 시늉이라도 했던 이전의 세대와

는 달리 이들은 리더의 "꿇어!"라는 지시에 "왜요?"라며 그 이유부터 묻는다. 그리고 설령 그 이유가 합당하다고 하더라도 '꿇는다'는 비인격적인 행위에 대해 "직장 내 괴롭힘이다!"라고 당당히 맞선다. 업무적인 실수나 잘못으로 자신이 회사에 손해를 입혔다면 정해진 규정대로 징계하면 되지 왜 자기에게 꿇으라는 둥 하며 모욕감을 주느냐는 것이다. 구구절절 맞는 말임에도 대부분의 리더는 이쯤에서 '뒷목'을 잡고 쓰러지기 마련이다.

90년생 혹은 밀레니얼 세대(millenials)로 불리는 신생 세대는 세상의 중심에 그 누구도 아닌 '나'를 둔다. 남에게 피해를 주기도 싫고 내가 피해를 받는 것은 더더욱 싫다. 그리고 선택과 판단을 할 때 합리성과 효율성을 아주 중요하게 생각한다. 앞선 사례의 지영 씨처럼 갑작스러운 회식 지시에 '나는 학원에 가야 한다. 나에겐 팀 회식보다 학원에서 중국어 수업을 듣는 것이 더 중요하다'라는 분명한 자기 기준을 고수한다. 그리고 '퇴근 이후의 시간은 분명 사적인 시간이니 회식 참여는 강제가 아닌 자율적인 선택'임도 잘 알고 있다. 이런 그들에게 막무가내로 회식과 야근을 강요하고, 화가 난다고 함부로 대했다간 소송에 휘말려 법정에 서야 할지도 모를 일이다.

기존의 법칙에 맞지 않는다는 이유로 기성세대는 이들을 두고 "도대체 무슨 생각으로 사는지 모르겠다"라고들 말하지만 사실 이들처럼 생각이 많고 고뇌가 많은 세대도 없을 것이다. 상당수의 20대가 대학생이 되자마자 학자금 대출 등으로 빚쟁이가 되고, 아르바이트를 전전하며 생활비와 용돈을 마련해야 한다. 사회생활의 첫걸음을 부채로 시작하는 이들에게 직장은 반드시 살아남아야 하는 전쟁터와 다를 바 없다. 물론 먹고살기 위해, 가족의 생계를 위해 리더가 꿇으라면 무조건 꿇었던 기성세대에게도 직장은 전쟁터이긴 마찬가지이다. 대신 큰 차이라면, 생존을 위해 리더에게 무조건 납작 엎드렸던 이전의 세대와는 달리 이들은 스스로 자신을 지키며 앞으로 나아가는 것을 선택했다는 것이다.

죽기 살기로 들어간 직장에서 뼈를 묻으리라 각오하는 기성세대와 달리 90년생에게 직장은 그리 애절한 곳이 아니다. 오히려 나와 맞지 않으면 언제든 갈아타고 버릴 수 있는 곳이다. 그 무엇보다 중요한 것은 '나'이고 그런 나를 지키기 위해서는 내가 일하면서 즐겁고 신나고 행복해야 한다고 믿기 때문이다.

2017년 신입사원 채용실태 조사를 보면, 취업 경쟁률이 35.7:1로 100명 중 2.8명만이 최종 합격했다. 그런데 더 놀라운 것은, 어렵사리 대학을 졸업하고 이토록 치열한 경쟁을 뚫고 입사한 신입사원이 1년 안에 사표를 쓰는 비율이 27.7%(2016년 기준)라는 사실이다.

이런 기괴한 현상에 대해 기성세대는 "요즘 젊은이들은 열정도 패기도 끈기도 없다"라며 혀를 차지만 정작 이들은 열정과 패기와 끈기도 합리성과 효율성을 기준으로 하여 꼭 필요하다고 판단되는 곳에만 사용한다. 즉, 자신이 선택한 직장에서 최선을 다해 열정적으로 일하지만, 그들의 열정은 형식적인 야근이나 막무가내식 회식까지 허용할 정도로 허술하지 않다. 그들은 한 방울의 땀도 꼭 필요한 곳에서 꼭 필요할 때만 흘린다.

"애들이 지나치게 자기중심적인 데다 좋은 것, 싫은 것을 너무나 분명하게 표현하니까 함께 일하는 게 불편하다 못해 힘들고 싫어요."

이런 기성세대의 호소가 이해는 되지만 그렇다고 어쩌겠는가. 대략 5년 후쯤 맞이해야 할 2000년생들은 더하면 더했지 결코 덜하지는 않을 것이다. 갑에게 순순히 순응하는 기성세대만 남겨 조직 스스로 늙고 병들어갈 게 아니라면 결국 새로운 세대를 받아들여야 한다. 그렇기에 생존을 위해서라도 조직은 90년생이라는 '별종' 세대를 잘 이해하고 그들과 멋지게 호흡을 맞춰나가야 한다.

을은 선을 넘는 것을 허락하지 않는다

합리성과 효율성을 중요하게 생각하는 슈퍼 을인 90년생은 나이나 직급이 곧 서열이고 신분이 되는 조직문화를 순순히 받아들이지 않는다. 리더의 지시에 무조건 따라야 하는 상명하복의 구조는 물론이고, 화가 난다고 버럭 소리를 지르거나 욕설을 하고, 모멸감을 주는 말과 행동을 하는 리더를 참고 견딜 마음이 전혀 없다.

민간 공익단체인 '직장갑질 119'는 출범 이후 5개월 동안 직장 내 폭행과 관련해 접수된 제보 중 정확한 신원이 확인된 42건을 분석했다. 그 결과, 폭행 가해자의 88%(37건)가 피해자보다 직급이 높은 리더였다. 이처럼 직장 내 갑질 행각이 폭행으로까지 이어지는 경우가 많은 것은 그간 리더와 같은 상대적 갑의 폭력적 갑질이 암묵적으로 용인되어왔던 탓이 크다.

90년생은 리더의 비이성적이고 비인격적인 갑질 행위에 호락호락하지 않다. 쿨한 세대, 스마트한 세대로 통하는 이들은 리더의 갑질 분노에 주눅 들거나 붉으락푸르락하지 않고 신고나 소송 등으로 스마트하게 반격한다. 스마트기기의 사용에 능숙한 덕분에 녹음이나 녹화 등을 통해 증거 자료를 수집하는 데도 능동적이다. 또 SNS의 적극적인 활용으로 다수의 공감을 이끌고 응원과 지지를 얻는 법도 잘 알고 있다. 그리고 필요하다면 민간단체에 도움을 요청하고 법의 엄중한 칼날도 유용하게 활용한다.

분노는 자연스러운 감정이지만 그것을 겉으로 표현할 때는 신중해야 한다. 분노가 폭언이나 폭행 등 올바르지 못한 방식으로 표현되면, 그 대상은 마음에 깊은 상처를 받고 또 다른 분노를 품게 된다. 그래서 분노의 표현에도 절충선이 필요하다. 이전까지의 세대가 리더의 분노를 온몸으로 받아내며 혼자만 아파했다면 90년생은 순순히 당하고 있지만은 않는다. 그들은 선을 넘는 순간 반격을 시작하고, 자신에게 올바르지 못한 방식으로 분노를 표출했던 리더는 물론이고 심지어 조직까지 흔들어버린다.

가진 것이 많은 사람일수록 자신이 가진 것을 잃을까 두려워하고 쥔 것을 놓지 못하며 미련을 갖는다. 그러나 애초에 특별히 가진 것이 없는 사람은 두려움이나 미련도 크지 않다. 을, 특히 쿨한 슈퍼 을인 90년생은 자신을 건드린 갑을 응징하기 위해 과감히 리더에게 사표를 요구할지도 모른다. 나에게 모멸감을 주고 폭언과 폭행을 한 리더를 조직에서 들어내는 것으로 구겨진 자존심을 회복하고, 관계의 공정함이 회복되기를 바라기 때문이다.

바야흐로 상생의 시대다. 갈수록 치열해지는 기업 환경에서 서로를 배려하고 돕는 상생경영을 하지 않으면 결국 공멸을 향할지도 모른다. 이는 비단 기업 외부의 문제만은 아니다. 기업 내부에서 구성원들이 상생을 위한 방안을 스스로 찾지 않으면 을뿐만 아니라 갑도 함께 사라지고 말 것이다.

✏ 분노, 되로 주고 말로 받는다

　　부하직원이 리더의 책상 위에 한 무더기의 똥을 싸는 엽기적인 복수극이 벌어졌다. 뉴욕에 거주하는 41세의 직장인 여성은 복권에 당첨돼 300만 달러(34억 6,380만 원) 상당의 당첨금을 받게 됐다. 복권 당첨 사실을 알자마자 그는 평소 자신을 지속적으로 괴롭혀오던 리더에 대한 복수부터 계획했다. 다름 아닌 리더의 책상 위에 똥을 싸기로 한 것이다.

　　그는 더 많은 양의 똥을 만들기 위해 주말 내도록 멕시코 음식을 먹으면서 배를 가득 채웠다. 그리고 월요일에 회사에 출근한 후 아무런 내색 없이 평소처럼 일하다가 리더와 동료들이 점심을 먹기 위해 사무실을 비운 사이에 계획을 실행으로 옮겼다. 리더의 책상 위에서 똥을 싸며 만족감을 느끼던 그는 점심 식사 후에 사무실로 복귀하다가 그 장면을 목격한 리더에 의해 경찰에 신고됐고, 곧 구속됐다.

그는 경찰 조사에서 자신의 범행을 순순히 시인했고, "몇 년 동안 리더의 부당함을 참아왔고, 이제 리더가 부당한 일을 당할 차례이다"라며 당당한 태도를 보였다. 행위만 보면 엽기에 가까운 무자비한(?) 복수극이지만 그간 얼마나 리더에게 모진 괴롭힘을 당했으면 큰돈이 생겼다는 사실을 알자마자 그런 복수극을 계획하고 실행했을까를 생각하면 안쓰러운 마음도 든다.

폭력적 분노는 반드시 되돌아온다

직장인은 회사에서 리더, 동료, 고객 등 많은 사람과의 상호관계 속에서 다양한 정서를 경험한다. 공동의 목표를 향해 전진하며 열정을 품고, 그것이 달성되었을 때 강한 성취감도 느낀다. 또 동료와의 끈끈한 단결을 통해 소속감도 느끼며, 매달 잊지 않고 들어오는 봉급을 통해 안정감도 느낀다. 그런데 이런 긍정적인 정서만큼이나 부정적인 정서도 많이 느낀다. 업무와 관련하여 좌절감도 경험하고 인간관계에서 실망감과 분노도 경험한다. 이는 무슨 일을 하든지, 어떤 직위에 있든지 직장인이라면 누구나 경험하는 보편적인 감정이다.

이처럼 분노가 대부분의 직장인이 경험하는 너무나 보편적인 감정이라고 해서 그것을 표현하는 데 거리낌이 없어서는 안 된다. 특히 상대적으로 직급이 높은 조직의 리더라면 분노를 더욱 신중한 방식으로 표출해야 한다. 리더라는 이유만으로 말과 행동에 더 큰 힘이 실리기 때문이다.

"그게 왜 괴롭힘이죠? 나는 화가 나서 화를 낸 것뿐인데."

조직의 리더가 올바르지 못한 방식으로 분노를 표출하고도 정작 본인은 그것이 너무나 자연스러운 감정의 표현이라고 생각하는 경우가 많다. 즉, 화가 나서 화를 냈을 뿐인데 그게 무슨 문제가 되느냐고 생각하는 것이다.

미국의 경우만 해도, '직장 내 괴롭힘 설문조사'에서 응답자의 절반이 직장에서 괴롭힘을 당한 경험이 있거나 직접 목격한 경험이 있다고 밝혔다. 그러나 정작 자신이 괴롭힘을 행한 가해자라고 밝힌 응답자는 채 1%도 안 됐다.

인정하기 싫은 것인지, 모르는 것인지는 알 수 없지만 때린 사람은 한 대 때리고 그냥 잊어버리는 것과 마찬가지이다. 그러나 정작 맞은 사람, 즉 리더의 올바르지 못한 분노 표출에 노출된 사람은 극심한 스트레스에 시달리고, 급기야 몸과 마음에 강한 고통을 호소하는 경우가 많다. 나에게 분노의 화살을 쏜 대상이 다름 아닌 나의 리더, 즉 갑이기 때문에 더욱 아프고 고통스럽다.

의도가 어떠했든, 알고 행했든 모르고 행했든, 맞은 사람이 아프다면 폭력이고 폭행이다. 이런 리더의 올바르지 못한 분노 표출은 상대의 마음에 다시 분노의 불씨를 지핀다. 그 결과 그중 일부는 앞선 사례의 여성처럼 리더에게 나름의 방식으로 복수를 행하기도 한다.

'리더에게 복수하는 법'이라는 키워드로 인터넷 검색을 하면 다양한 방법이 나온다. 그중에는 글쓴이가 직접 실행하고 효과를 본 방법은 물론이고, 직접 실행은 못 했지만 강력하게 추천하는 복수법 그리고 '이렇게 복수하면 통쾌할 것 같다'라며 막연한 바람을 적어놓은 것들도 있다. 게다가 이런 다양한 복수법을 활용해 실제 리더에게 소심하게나마 복수를 한 사람도 적지 않다.

취업 포털 기업 '커리어'가 직장인 397명을 대상으로 '리더에게 복수하기'에 대한 설문조사를 실시한 결과에 따르면 직장인 열 명 중 네 명(41.1%)이 '리더에게 은밀하게 복수를 한 적이 있다'고 답했다.

이들은 리더에게 복수를 한 이유로, '말이나 행동이 나를 무시하는 것 같아서(36.2%)', '리더로서 자격이 없는 것 같아서(22.7%)', '자기 일을 나한테 떠넘겨서(19%)', '매번 나에게 화풀이를 하는 것 같아서(9.8%)', '내 아이디어나 업무성과를 빼앗아가서(6.1%)' 등을 꼽았다.

이들이 리더에게 행했던 복수법으로는 '말을 듣지 못한 척 무시한다(34.1%)', '리더의 지시를 못 알아들은 척 리더를 곤란하게 한다(27.8%)'가 가장 많았다. 이외에도 '회식 때 리더의 개인 카드로 결제하도록 분위기를 유도한다(14.7%)', '다른 동료들을 내 편으로 만들고 리더를 은따시킨다(11.3%)', '인사를 하지 않는다(6.9%)' 등의 의견이 뒤를 이었다. 그리고 리더에게 직접 복수를 한 경험이 있는 직장인의 62.6%가 복수 행위 후에 통쾌함을 느꼈다고 답했다.

마냥 을인 줄만 알았던 부하직원이 이렇듯 소심한 반격을 꿈꾸고 실행한다는 것을 안다면 리더는 피식 코웃음이 나올 수도 있다. 혹은 그게 복수를 꿈꿀 만큼 그렇게 큰일인가 하며 황당해할 수도 있다.

하지만 객관적인 통계수치가 말해주듯 수많은 을이 갑으로부터 크고 작은 고통을 받고 있고, 특히 폭력적인 분노 표출에 대해서는 어떻게든 되갚아주려고 복수를 꿈꾸기도 한다. 이처럼 폭력적인 분노가 반드시 되돌아온다는 것을 기억한다면 분노를 최대한 이성적이고 지혜롭게 표현할 수 있도록 노력해야 한다.

잊은 척 모르는 척, 품격 있는 을의 응징

"박 과장, 신상품 개발 기획안 왜 안 보내?"

"아, 그거 지금 부지런히 만들고 있습니다!"

"야! 그거 내가 오늘 아침까지 작성해서 보내라고 했잖아. 그걸 아직도 만들고 있으면 어떡해! 어휴, 머리가 나쁘면 손발이라도 부지런하든지."

"그게 생각보다 첨부할 자료가 많더라고요."

"시끄러워! 상무님께 점심시간 전까지 보내드리기로 했는데, 너 때문에 다 망했어. 상무님께 한 소리 들으면 넌 오늘 내 손에 죽는 줄 알아!"

최 팀장의 폭언 섞인 호통에도 박 과장은 기분이 나쁘기는커녕 내심 즐거웠다. 어차피 최 팀장은 상무에게 보고하면서 자신이 기획안을 만든 것처럼 할 텐데, 뭐하러 욕까지 얻어

먹으면서 남 좋은 일을 하겠는가. 부하직원의 공을 가로채고 화가 나면 폭언을 일삼는 리더에게는 소소하게라도 복수를 해줘야 자신의 마음에 쌓인 스트레스가 덜어질 것 같았다.

"야, 이 자식아! 너 기획안을 상무님께 바로 보내면 어떡하냐? 어휴, 이 꼴통 자식!"

"점심시간 전까지 보내기로 하셨다면서요? 팀장님 자리에 안 계셔서 급한 마음에 제가 그냥 보내드렸죠."

"야앗!"

최 팀장은 온몸을 부르르 떨며 소리를 고래고래 질러댔다. 그 모습을 보면 볼수록 박 과장은 속이 뻥 뚫린 듯이 기분이 상쾌해졌다.

사실 박 과장의 복수는 애교에 속한다. 자신의 공을 빼앗고 오히려 폭력적인 분노를 표출하는 리더에게만 피해가 돌아갔기 때문이다. 리더에 대한 복수로 '모르쇠' 전략을 쓰는 직장인 중 상당수가 '침묵'을 동원한다. 그리고 이러한 침묵은 리더뿐만 아니라 조직, 나아가 회사 전체에 크고 작은 리스크를 안겨주기도 한다.

예컨대 리더가 지시한 사항이 잘못된 결과를 가져올 것이 빤히 보이는데도 별다른 말 없이 "예, 알겠습니다. 시키는 대로 하겠습니다!"라며 지시를 따른다. 굳이 그와 승강이를 하면서까지 좋은 결과를 내고 싶은 열정도 없는 데다, 성과에 대한 공로가 리더의 것이라면 그릇된 결과에 대한 책임도 그가 지도록 하는 것이 옳다는 생각에서다. 나중에 잘못된 결과가 나와도 "저는 시키는 대로 했습니다!"라고 하면 되니 크게 문제될 것은 없다.

이뿐만 아니다. 리더의 폭력적인 분노 표출에 복수를 꿈꾸는 부하직원들은 리더의 지시를 잊은 척하며 일의 진행을 지연시키고, 리더가 부재중에 전달된 중요한 사항을 전하지 않아 리더를 곤란하게 만들기도 한다. 또 리더가 윗선에 보고해야 하는 중요한 보고서에 첨부파일을 일부러 누락시킨다거나 중요한 의미가 담긴 숫자나 글자를 틀리게 하여 망신을 당하게 하는 것도 제법 통쾌하다.

리더가 나중에 그 사실을 알고 불같이 화를 낸다고 하더라도 "깜빡했다", "죄송하다"라고 하며 귀를 막아버리면 그만이다. 수백 번도 더 듣던 폭언과 욕설을 한 번 더 듣는다고 큰일이 나지도 않을뿐더러 그 고통에 비해 리더를 물 먹인 쾌감이 훨씬 더 크기에 기꺼이 감수한다.

리더의 폭력적인 분노 표출과 비상식적인 갑질에 익숙한 부하직원일수록 그들의 분노를 크게 두려워하지 않는다. 이래도 먹을 욕이니 저래서 먹은들 무슨 상관일까 싶은 것이다. 오히려 간간이 이런 통쾌함을 맛봄으로써 정신건강이 좋아지는 듯도 하다. 그리고 무엇보다 이러한 소소한 반란을 통해서라도 나도 언제든 당신에게 반격을 가할 수 있다고 갑에게 경고하고 싶은 것이다.

Chapter 3.

품격 있는 리더는 웃으면서 화낸다

막말을 한다고
잡스가 되지는 않는다

창조와 혁신의 아이콘이자 IT계의 거목이었던 스티브 잡스 (Steven Paul Jobs)는 화가 나면 직원에게 막말을 하기로 유명한 리더였다. 2016년 개봉한 영화 〈스티브 잡스〉에는 스티브 잡스가 직원들에게 어떻게 말하고 행동했는지가 사실적으로 잘 그려져 있다.

스티브 잡스는 엘리베이터에서 마주친 직원에게 다짜고짜 어떤 직무를 맡고 있는지, 실적은 잘 내고 있는지를 물었다. 그런데 직원이 우물쭈물하며 제대로 답을 하지 못하자 그 자리에서 바로 해고를 통보했다. 이후로 애플사 직원들은 스티브 잡스와 마주치는 것이 두려워 그가 움직이는 시간에는 사내 엘리베이터를 타지 않고 계단으로 이동했을 정도이다.

스티브 잡스에 대한 외부의 평가도 직원들과 크게 다르지 않다. 마이크로소프트의 설립자이자 세계 최고의 부자인 빌 게이츠(Bill Gates)는 "스티브 잡스가 폭발하면 직원들은 모두 뿔뿔이 구석으로 숨기 바빴다"라고 회상했고, 미국의 종합 경제지 〈포춘(Fortune)〉의 기자 브렌트 슐렌더(Brent Schlender)가 "스티브 잡스와 인터뷰를 하려면 방탄조끼를 꼭 입고 가라"고 말했을 정도로 그는 까칠하고 공격적인 사람이었다.

스티브 잡스, 무섭지만 존경스러운 리더였다

'분노의 화신'은 스티브 잡스를 상징하는 대표적인 표현 중 하나이다. 그만큼 그는 분노를 자주 표현했고, 심지어 막말도 서슴지 않았다. 그런데 스티브 잡스가 구성원에게 무섭고 두렵기만 한 리더였다면 애플은 세계 최고의 IT 기업으로 성장하지 못했을 것이다. 그는 무섭지만 유능한 리더였다. 또한 누구보다 열정적인 리더였다.

스티브 잡스는 제품에 관한 한 타협을 모르는 완벽주의자였다. 제품의 기능적인 부분은 물론이고 디자인까지 완벽하기를 바랐고, 이러한 그의 바람을 막연한 이상이 아닌 현실에서 구현해내기 위해 직원들을 강하게 리드했다. 이런 이유로 그는 화를 내도 존경받는 리더였다.

스티브 잡스를 성공으로 이끈 추동력은 다름 아닌 '결핍'이었다. 그는 태어나자마자 친부모에게 버림을 받고, 양부모의 어려운 경제 사정으로 인해 대학 진학 후 얼마 되지 않아 자퇴를 했다. 그는 양부모가 평생을 모은 저축이 자신의 대학 등록금으로 사용되는 것을 원치 않았다. 대학 자퇴 이후에도 그의 주머니 사정은 달라질 게 없었다. 유리병을 주워 동전으로 바꾸고 주말이면 아랍계 사원에서 제공하는 무료 식사를 먹기 위해 수 마일을 걸어야 했다.

성장기 동안 그가 느껴야 했던 깊은 결핍은 곧 분노로 이어졌다. 그러나 그 분노는 노여움으로 자신과 타인을 파괴하는 분노가 아닌 성장을 위한 좋은 에너지로 활용되었다. 스티브 잡스는 자신이 친부모에게 버려져 양부모에게 입양됐다는 사실을 고등학생 때 알아차렸다. 이후 그는 자신이 친부모에게 버림받을 만큼 쓸모없는 사람이 아니라는 것을 증명하기 위해서라도, 모두가 대단하다고 인정하는 확실한 무언가를 이루어야 한다고 생각했다. 그의 결핍은 단순히 분노에 머무르지 않고, 자신을 채울 것에 대한 강한 갈망으로 이어진 것이다.

바라던 대학에 진학한 후에 경제적 여건 탓에 곧 자퇴를 선택했지만, 관심이 가는 대학 수업을 청강하며 배움을 이어갔다. 그는 스무 살이 되던 해에 애플을 창립했고, 이후 자신이 만든 회사인 애플에서 쫓겨나는 신세가 되었지만 애플이 다시 자신을 모셔갈 수 있도록 최선을 다해 자신의 능력을 증명해 보였다.

스티브 잡스의 갈망은 그의 리더십에서도 잘 나타난다. 그는 카리스마 리더십의 대표적인 인물이다. 빌 게이츠는 "스티브 잡스는 애플 직원들에게 일에 대한 열정과 동기를 부여해주고, 열심히 일하도록 만드는 최고의 마법사였다. 잡스는 여전히 성질이 불같았지만 팀의 의견을 존중했다"라고 회상했다.

직원들에게 거칠고 공격적인 말을 자주 했지만 스티브 잡스는 누구보다도 인간적인 리더였다. 그는 1995년에 영국의 한 민영방송 TV 시리즈 〈괴짜들의 승리(The Triumph of the Nerds: The Rise of Accidental Empires)〉라는 프로그램에 출연하여 인터뷰를 했다. 이 인터뷰에서 진행자는 그에게 직원들에게 "당신의 업무는 완전히 엉망이다!"라고 말하곤 하는데 그 속뜻은 무엇이냐고 물었다. 이에 스티브 잡스는 "일반적으로는 업무를 제대로 처리하지 못했다는 의미이다"라고 대답했고, 이어서 "직원을 위해 리더가 해야 할 가장 중요한 일은 그들이 업무를 제대로 처리하지 못할 때 분명하고 정확하게 지적해주는 일이다"라고 했다. 또한 "직원의 역량에 대한 의심을 직설적으로 표현하지 않으면서도 본인 스스로 그에 대해 생각할 여지를 줄 필요가 있다"라고 덧붙였다. 그래야지만 직원이 원래의 능력을 회복할 수 있다는 것이다.

스티브 잡스의 이러한 대답에 대해《실리콘밸리의 팀장들》의 저자 킴 스콧은 '직원을 지적하며 문제의 원인을 개인화하지 않은 점'을 높이 샀다. 킴 스콧은 그의 저서에서 타인에게 조언하는 것은 칼날 위를 걷는 것는 것과 같다며, "직원의 업무 처리가 충분히 좋지 않다는 사실을 분명하게 지적하면서, 동시에 그의 역량에 대한 믿음은 여전하다는 확신을 주기는 대단히 힘든 일이다"라고 말했다.

어설픈 잡스 흉내는 멈춰라

스티브 잡스도 아니면서 흉내만 내는 리더가 있다. 그들은 스티브 잡스의 거칠고 공격적인 모습은 그대로 흉내 내면서 정작 그 안에 담긴 깊은 마음은 알지도 못하며 알려고도 하지 않는다. 그들은 업무 능력이 불만족스러운 직원에게 '업무 처리가 충분히 좋지 않다는 사실을 분명하게 지적'하지만 정작 중요한, '그의 역량에 대한 믿음은 여전하다는 확신'은 전하지 않는다. 심지어는 '당신의 업무 처리가 충분히 좋지 않다'가 아닌 '너는 모자란 인간이다', '너는 일을 잘 못하는 인간이다'와 같은 모욕적인 발언도 서슴지 않는다.

직원들에게 거친 욕설을 내뱉으며 나름 카리스마 넘치게 조직을 진두지휘하는 리더의 모습은 드라마나 영화에서도 종종 그려진다. 그들은 조직을 위기에서 구해내고, 놀라운 성과를 창출해 결국 성공으로 이끎으로써 이야기 속의 영웅이 되어 그 존재감을 뽐낸다.

이런 '카리스마 리더'는 주로 조직이 위기에 처했거나 우왕좌왕하는 상황에서 그 힘을 제대로 발휘한다. 이런 혼란의 상황에서 리더에게 필요한 자질은 구성원에게 명확한 비전과 목표를 제시하며 신속하게 그들을 이끌어갈 카리스마이다.

안타깝게도 현실에선 이러한 카리스마 리더가 나오기 쉽지 않다. 크게 소리를 지르거나 거친 욕설을 하는 등의 폭력적인 모습은 스티브 잡스와 비슷할지도 모르기만, 그 안에 담겨야 할 진정한 카리스마를 갖춘 경우는 드물다.

카리스마(charisma)란 '신의 은총'이라는 의미의 그리스어에서 유래된 말로, 사람을 휘어잡는 특별한 능력이나 자질을 말한다. 이를 리더에 적용해보면, '카리스마 리더'란 조직원의 마음을 움직여 스스로 따르게 하는 힘을 가진 리더이다. 그리고 조직원들이 진정 바라는 것이 무엇인지 깊이 이해하고 공감하며 그것을 실현하기 위해 기꺼이 희생하고 헌신하는 리더이다.

이러한 '카리스마'의 진정한 의미를 이해하지 못하고 어설프게 거칠고 폭력적인 '강함'에 치중한 리더들이 등장하다 보니 카리스마 리더를 반기는 직장인은 많지 않다. 특히 요즘처럼 정보통신의 발달로 지식과 정보가 더는 특정 계층의 전유물이 아니게 되면서 리더가 이전처럼 무조건 "나를 따르라!"라고 외치는 것은 그리 큰 힘을 발휘하지 못한다. 오히려 "그래서 우리는 어디로 가야 할까요?"라고 물으며 구성원들과 원활하게 소통과 협의를 해나가는 것이 리더의 중요한 자질이 되었다.

〈조선일보〉 주말 섹션 '아무튼, 주말'이 설문조사 플랫폼인 '틸리언 프로(Tillion Pro)'에 의뢰해, 20~50대 직장인 2,252명에게 그들이 생각하는 바람직한 리더십에 관해 물었다. 응답자의 46.4%가 함께 일하고 싶은 리더로 인품이 훌륭한 리더인 '덕장'을 꼽았고, 카리스마형의 리더는 8%로 가장 인기가 없었다. 그리고 '어떤 리더와 일하고 싶나?', '어떤 리더가 훌륭하다고 생각하나?' 등 질문 내용이 달라지면 세대별로 선호하는 리더의 유형이 조금씩은 차이를 보였다. 그러나 질문이 달라져도, 세대가 바뀌어도 여전히 가장 인기가 없는 리더 유형은 단연 '카리스마 있는 리더'였다.

착하고 무능한 방관자도 나쁘기는 매한가지다

리더는 힘이 세다. 리더는 구성원이 그들 모두의 능력을 합친 것 이상의 성과를 창출할 수 있도록 이끌기도 하고, 반대로 똑똑한 사람들이 그들 능력의 10분의 1도 채 발휘하지 못하게 조직을 아예 엉망으로 만들어버리기도 한다. 어설프게 스티브 잡스 흉내를 내는 사람들은 후자의 결과를 낳을 가능성이 크다.

그런데 겉멋 든 카리스마 리더십을 추종하는 리더만큼이나 염려스러운 것이 착하고 순하기만 한 리더이다. 이들은 타고난 성격 탓에 남에게 싫은 소리를 못하고, 좋은 게 좋은 것이라며 두루뭉술하게 넘어간다. 물론 개중에는 어설픈 카리스마 리더나 대놓고 폭군인 리더에게 질린 나머지 '나는 절대 그런 리더가 되지 않겠다'고 다짐했던 이도 있을 것이다. 마치 시도 때도 없이 간섭하고 공부하라고 강요하는 부모 아래서 자란 사람이 이후 자신의 자녀들을 아무런 간섭이나 통제 없이 아예 방목하듯이 키우는 것과 비슷한 현상이라 할 수 있다.

이유가 무엇이든, '착하고 무능한' 리더인 이들은 직원의 성장에 별다른 도움이 되지 못할뿐더러 조직의 발전에도 크게 보탬이 되지 못한다. 《실리콘밸리의 팀장들》에서 킴 스콧은 "리더가 모든 직원과 좋은 관계를 유지하려고 할 때, 직원들은 어떻게든 갈등의 요소를 피하고자 서로에게 쉽게 지적을 하지 못한다. 지적을 배제하고 오로지 친절함을 우선시하는 업무환경이 자리 잡을 때, 실질적인 성과개선은 어려워진다"라고 지적했다. 이 책에서 그는 직원의 업무 능력이 형편없음에도 단 한 번도 이에 대해 지적하지 않고 있다가 결국 해고를 하고 말았던 자신의 과오를 고백하고 후회했다. 킴 스콧은 그 직원을 상당히 아끼고 좋아했던 터라 그를 질책하고 싶지 않았다고 한다. 그러나 그는 결국 그 직원을 해고함으로써 결과적으론 최악의 리더가 되고 말았다.

킴 스콧의 이러한 고백은 연인이나 부부의 관계에서도 종종 볼 수 있다. 만나는 동안 단 한 번도 연인과 다투지 않았던 친구가 있다. 그는 연인에게서 못마땅한 점이 보여도 별달리 지적하지 않았으며, 심지어 연인이 큰 잘못을 해도 화를 내지 않았다. 그러던 친구가 어느 날 갑자기 연인에게 "더는 당신을 참아줄 수가 없다"라며 이별 통보를 했다. 친구의 연인은 갑작스러운 이별 통보에 영문을 몰라 황당해했고, 오히려 친구를 원망하고 미워했다. 나는 그들이 만나는 동안 차라리 티격태격하며 다투고, 갈등의 상황을 맞더라도 서로의 단점과 잘못을 지적했더라면 오히려 이를 개선하면서 더 발전적인 관계로 나아가지 않았을까 하는 생각이 들었다.

조직의 리더도 마찬가지이다. 업무 능력이 부족하거나 실수나 잘못이 잦은 직원을 아무 말 없이 지켜보기만 하다가 "도저히 안 되겠다"라며 해고를 통보하는 것은 너무나 잔인하고 무책임한 일이다. 킴 스콧 역시 해고한 직원으로부터 "왜 진작 말하지 않았느냐?"라며 원망의 말을 들었다고 한다. 리더의 솔직하지 못한 태도와 위선의 피드백이 부족한 부분을 보완하여 더 발전할 기회를 팀원에게서 빼앗아간 것이다.

리더는 말 그대로 구성원을 리드하는 사람이다. 그들을 이끌고 나아가는 과정에서 갈등을 겪기 싫어서 마냥 사람 좋은 미소만 지으며 내버려두고 있다면 그는 리더가 아닌 방관자에 가깝다. 또한 그러한 리더가 이끄는 조직은 구성원들이 갈등 상황을 피하려 서로 솔직한 조언을 꺼리게 되고, 그로 인해 발전은 고사하고 구성원 간의 결속마저 약해지는 최악의 결과가 초래될 위험이 크다.

나는 되고 너는 안 된다는 고약한 잣대부터 버리자

"제목이 이게 뭐야? 하나를 보면 열을 안다고 제목만 봐도 내용이 얼마나 형편없을지 견적이 나오네! 다시 해와!"

최 대리는 곽 팀장의 지시로 며칠 동안 야근까지 불사하며 기획서를 만들었다. 하지만 곽 팀장은 기획서의 내용은 읽어보지도 않고 제목이 마음에 들지 않는다며 화를 내고 소리부터 질러댔다.

"아니, 그게…?"

다시 자리로 돌아오며 최 대리는 황당하기 그지없었다. 일을 잘못해서 혼이 나는 거라면 더 노력하면 분명 나아질 것이기에 그리 낙담할 일은 아니다. 그런데 일에 대한 리더의 평가를 도통 신뢰할 수 없는 데다, 그 기준 또한 오락가락하며 제멋대로인지라 황당하다 못해 화가 날 지경이다.

"최 대리, 자넨 그게 문제야. 제목 같은 거에 뭐 하러 그리 시간을 쏟아? 알맹이만 좋으면 되니 제목은 대충 마무리해서 내라고. 쯧쯧, 뭐가 중요한지를 아직도 모르고 있으니 자네가 이렇게 만년 대리인 거야!"

최 대리가 어제 야근을 하며 기획서의 목차 제목을 짓느라 끙끙대고 있을 때였다. 퇴근 준비를 하던 곽 팀장이 최 대리의 어깨 너머로 모니터를 넘겨보더니 버럭 소리를 질러댔다. 제목은 대충 정하고 내용에 더 신경을 쓰라는 것이다.

"아, 네. 알겠습니다."

최 대리는 곽 팀장의 지시대로 제목은 대강 직관적으로 떠오르는 대로 짓고 내용을 더 세심하게 살폈다. 그런데 반나절 만에 전혀 다른 태도를 보이며 최 대리에게 화를 내는 것이다. 곽 팀장의 거칠고 모욕적인 말투도 기분이 나빴지만 그의 일관성 없는 태도를 더 견디기 힘들었다. 업무평가에 대한 분명한 기준도 없이 이랬다가 저랬다가 오락가락하면서 자기 기분에 따라 화를 내니 곽 팀장을 리더로 믿고 따라야 하는지 깊은 회의감이 밀려왔다.

일관성 있는 행동이 긍정을 쌓는다

"자연계에 폭풍이 필요하듯이 정치계에도 때로는 약간의 반란이 필요하다고 생각한다."

이것이 맞는 말일까, 틀린 말일까? 다소 난감한 질문일 수 있다. 얼핏 듣기에는 맞는 말인 것 같지만 누가 한 말인지에 따라 전혀 다른 판단을 낳기도 하니 말이다.

하버드대학교 학생들을 대상으로 진행된 실험에서 연구진은 같은 말이라도 누가 하느냐에 따라 호감도나 신뢰도에 큰 차이가 발생한다는 것을 밝혀냈다. 연구진은 실험에 참가한 학생을 두 그룹으로 나누어 A그룹의 학생들에게는 이 말을 한 사람이 미국의 제3대 대통령인 토머스 제퍼슨(Thomas Jefferson)이라고 말했으며, B그룹의 학생들에게는 러시아 공산주의 혁명가인 블라디미르 레닌(Vladimir Lenin)의 주장이라고 알려줬다.

실험 결과는 놀라웠다. 똑같은 내용의 말이지만 누가 한 말인가에 따라 두 집단의 반응은 극과 극으로 나타났다. A그룹 학생들의 90% 이상이 당연한 생각이라며 이 말에 동의한 데 비해 B그룹은 90% 이상의 학생들이 말도 안 되는 생각이라며 이 말에 동의하지 않았다. 토머스 제퍼슨은 미국 민주주의의 대표적 이론가이자 독립선언문의 초안을 작성한 인물인 만큼 그가 한 이 말 역시 올바른 철학이라는 생각이 강하게 들었을 것이다. 반면 레닌은 소련의 공산주의 혁명을 주도한 인물이니 그의 철학도 틀렸을 것이라 생각하는 것이다.

이 실험은 똑같은 말이라도 발언 주체에 따라 다르게 평가될 수 있다는 것을 여실히 보여준다. 토머스 제퍼슨에 대한 피험자의 긍정적인 감정이 그가 한 말을 긍정적으로 들리게 했으며, 레닌에 대한 부정적인 감정이 그가 한 말까지 부정적으로 들리게 했다. 이 실험의 결과는 인간관계, 나아가 조직에서 리더와 구성원의 관계에서 유용하게 활용할 수 있다.

사람이 싫으면 그가 한 말이나 행동의 옳고 그름과 무관하게 부정적으로 느껴지기 마련이다. 반면 사람이 좋으면 그의 말이나 행동도 긍정적으로 받아들이며, 설령 그가 실수나 잘못된 말을 해도 가능한 그를 이해하고 긍정적으로 해석하려 노력한다. 조직에서 리더에 대한 감정도 이와 크게 다르지 않다. 평소 리더에게 긍정적인 감정을 가진 구성원이라면 그의 말과 행동도 최대한 긍정적으로 해석하려 노력할 것이며, 그렇지 않은 경우엔 본능적으로 거부감이 먼저 들 것이다.

그렇다면 조직에서 리더에 대한 긍정적인 감정은 어떻게 생기는 것일까? 앞선 사례의 곽 팀장이 평소 팀원들을 자주 칭찬하고 격려해주며, 늦게까지 야근하는 직원들을 위해 사비를 털어 간식을 챙겨주는 자상한 리더라고 가정해보자. 이것만으로 그에 대한 팀원들의 호감도가 크게 상승할 것이다. 그런데 그가 앞선 사례에서처럼 이랬다가 저랬다가 하는 제멋대로인 리더라면? 그래도 그에게 후한 점수를 줄 수 있을까?

어제는 야근하는 직원들에게 사비를 털어 간식을 챙겨주던 사람이 오늘은 갑자기 돌변하여 "일 못하는 사람들이 꼭 늦게까지 야근을 하며 일하는 티를 낸다"라며 비아냥거리고 화를 낸다면 그에 대한 감정은 긍정과 부정 중 어떤 것이 쌓여갈까? 언제 다른 얼굴로 돌변할지 몰라 그의 친절과 호의가 결코 긍정적으로만 다가오지는 않을 것이다.

실제 직장인들은 항상 짜증을 내며 거칠게 화를 내는 리더보다 더 최악인 리더로 '그때그때 다른, 제멋대로인 리더'를 꼽았다. 친절과 호의도 좋지만 무엇보다 중요한 것은 '일관성'이다. 리더의 일관성 있는 말과 행동은 구성원들에게 명확한 '기준'이 되어주어 행동의 교정은 물론 업무 능력의 향상에도 큰 효과를 발휘한다. 무엇을 어떻게 해야 할지가 분명하게 제시되는 데다 언제 어떤 상황이든 리더의 반응을 예측할 수 있기에 최대한 그 기준을 충실하게 따르려 노력한다.

예를 들어 평소에 늦은 시간까지 야근하는 것을 그리 반기지 않는 리더라면 직원들은 가능한 한 업무 시간 안에 맡은 일을 끝내기 위해 노력할 것이다. 그리고 업무를 할 때 궁금하거나 모르는 것이 있으면 즉각 그것을 지시한 리더에게 물어보는 것을 바라는 리더라면 눈치 볼 필요 없이 그렇게 하면 된다. 또 매 순간 예외 없이 청결과 정리 정돈을 중요하게 생각하고 그렇지 못할 때 화를 내는 리더라면 최대한 그 기준에 맞추고 따르면 된다.

리더가 평소엔 별다른 지적을 안 하고, 심지어 기분이 좋을 땐 어질러진 책상을 보고서는 창의적인 분위기라며 칭찬까지 하다가 기분이 나빠지면 "책상 꼴이 도대체 그게 뭐냐!"라고 소리를 지르는 등 일관성 없는 잣대로 화를 내고 짜증을 부린다면 황당하기 그지없을 테다. 맡은 업무와 관련하여 모르는 것이 있으면 그것을 지시한 리더에게 물어보고 서로 적극적으로 도우라고 해놓고는 정작 누군가 자신에게 도움을 요청해오면 짜증을 내면서 "그런 것도 혼자 알아서 못 하느냐!"며 버럭 소리를 지른다면 누가 그의 말을 믿고 따르겠는가.

이처럼 리더가 일관성 없이 오락가락하는 태도를 보이면 구성원은 도대체 무엇을 어떻게 해야 할지를 몰라서라도 잘할 수가 없다. 게다가 그런 두 얼굴의 리더를 따르며 일한다는 것 자체가 깊은 회의감을 불러올 것이며, 이는 단순히 리더에 대한 반감에 그치지 않고 조직 자체에 대한 거부감으로까지 이어져 업무에 대한 의욕과 능력을 크게 떨어뜨릴 수 있다.

리더가 바라는 것이 일관되기만 하다면 그것은 조직의 암묵적인 규칙으로 자리 잡아 구성원들이 이를 최대한 따르기 위해 노력할 것이고, 그 결과 리더와 구성원 간의 문제 상황도 그만큼 줄어들 수 있다. 물론 리더가 정해놓은 기준에 일관성이 있다고 해서 무조건 따를 수는 없다. 리더의 기준은 다수의 구성원이 고개 끄덕일 수 있는 보편적이고 합리적인 것이어야 한다. 만약 그렇지 않다면 구성원은 마지못해 따르면서도 계속 불만을 쌓아갈 것이다. 예컨대 일이 있건 없건 무조건 저녁 9시 이후에 퇴근해야 한다는 기준을 가진 리더라면 구성원 입장에서는 무작정 따를 수만은 없는 일이다. 따라서 조직 구성원이 리더에게 긍정적인 감정을 갖도록 하려면 말과 행동에 일관성을 갖되, 그 일관성이 보편적이고 합리적인 기준을 바탕으로 해야 한다.

분노의 바탕에 '신뢰'부터 다져라

조직을 이끌다 보면 화낼 일이 생기기 마련이다. 특히 리더라면 상대적으로 화낼 일이 잦다. 이때 리더가 아무리 지혜롭게 화를 내도 결국 그 안에 담긴 메시지는 꾸지람과 지적이기 때문에 서로 마음이 상하고 관계가 어색해질 위험을 배제할 수 없다. 따라서 리더는 평소 구성원과의 관계에서 '신뢰'를 쌓아둘 필요가 있다. 그래야지만 구성원이 '우리 팀장님이 화를 내는 것은 다 그만한 이유가 있어서고, 내가 싫거나 미워서가 아니라 내가 잘못을 했기 때문에 나의 행동에 화를 내는 것이다'라고 믿을 수 있다.

'신뢰'를 쌓기 위해선 다양한 노력이 필요하겠지만 가장 중요한 것은 리더의 '공정함'이다. 리더 중에는 '나는 되지만 너는 안 된다', '김 대리는 되지만 이 대리는 안 된다', '어제는 되지만 오늘은 안 된다'와 같은 고약한 이중잣대를 가진 이들이 더러 있다. 똑같은 상황인데 누구에게는 화를 내고 누구에게는 화를 내지 않는다거나 자신이 그런 행동을 할 땐 아무렇지 않게 넘기면서 다른 사람에겐 화를 내는 식이다. 또 자신의 기분에 따라 어떨 땐 괜찮다고 그냥 넘어가다가 어떨 땐 '잘 걸렸다'며 마치 날이라도 잡은 듯이 호되게 화를 낸다. 구성원 입장에서는 황당함을 넘어 분통 터지는 일이 아닐 수 없다.

리더의 공정함은 질책과 훈계 같은 부정적인 피드백에만 해당되지 않는다. 칭찬과 격려 같은 긍정적인 피드백 역시 공정성을 유지해야 한다. '우리 팀장은 나만 미워해'라는 생각만큼이나 리더를 신뢰하지 못하게 만드는 것이 '우리 팀장은 김 대리만 예뻐해'라는 생각이다.

리더도 인간인지라 구성원 중에 마음이 더 가는 사람과 덜 가는 사람이 있을 수 있다. 사적인 관계라면야 그런 마음을 겉으로 드러내는 것이 큰 문제가 되지 않겠지만 공적인 관계에서, 특히 리더가 그런 마음을 드러낸다면 이 또한 '차별'이 될 수 있다. 차별은 공정성을 해치는 최악의 행동인 데다 자칫 구성원 사이에 시기와 미움 등의 부정적인 감정을 유발할 위험도 있기에 리더는 더욱 주의를 기울여야 한다.

이 대리의 생일엔 "요즘같이 바쁜 세상에 누가 일일이 생일을 챙기느냐"며 모른 척 넘어가더니 김 대리의 생일엔 "오늘이 우리 김 대리 생일인데 거하게 회식이라도 해야지? 안 그래?"라며 나서서 챙겨준다면 이 대리는 자신의 생일에 보였던 팀장의 반응을 떠올리며 서운한 마음이 들 수 있다. 게다가 팀장이 예뻐하는 듯한 김 대리가 이유도 없이 싫고 미워질 수 있다.

큰 의미를 두지 않고 생각 없이 했던 말과 행동이라도 리더라면 그 무게가 다를 수밖에 없다. 그러니 사소한 일이라도 조직 내에서 벌어지는 문제에 대해서는 최대한 공정한 기준으로 판단하고 처리해야 한다.

크기와 종류가 같은 씨앗일지라도 그것이 자라는 바탕인 환경에 따라 성장의 결과가 달라진다. 사람과 사람의 관계도 마찬가지다. 리더가 본인을 포함한 모든 조직 구성원을 공정한 태도로 대하며 깊은 신뢰를 쌓았다면 "내일 아침까지 보고서를 제출하라"는 말도 강압적인 명령이 아닌 온건한 요청으로 받아들여질 것이다. 그리고 리더의 말에 따르는 구성원도 어쩔 수 없이 복종하는 것이 아니라 자발적으로 동의하고 참여할 것이다.

이뿐만 아니다. 신뢰가 바탕이 된 관계에서는 리더의 분노가 단순히 불쾌한 감정의 폭발이 아닌 따끔한 질책이자 지시로 받아들여진다. 또한 직급과 무관하게, 상황과 무관하게 모두에게 모든 순간 일률적으로 적용되는 공정한 질책은 개인의 사사로운 감정이 아닌 공동의 목표를 위한 공적인 가르침으로 받아들여진다.

진짜 리더는 말이 아닌 행동으로 리드한다

윈스턴 처칠(Winston Churchill)이 수상이던 시절의 일이다. 회의에 참석하기 위해 의사당으로 향하던 처칠은 도로가 너무 막혀서 회의시간 안에 도착하지 못할 것 같은 불안감이 들었다. 처칠의 재촉에 운전기사는 신호까지 위반하며 속력을 내는데, 이를 목격한 교통경찰이 처칠이 탄 수상 전용차를 정지시켰다.

신호위반 딱지를 떼려는 교통경찰에게 운전사가 "이 차에는 수상 각하가 타고 계신다"라며 회의시간에 늦을 것 같아서 속도를 낸 것이니 어서 보내달라고 요구했다. 이에 교통경찰은 "영국의 법질서를 책임지고 있는 수상 각하의 차가 교통신호를 지키지 않았을 리가 없다. 설령 이 차에 각하가 타고 있다고 해도 예외가 될 수는 없다"라며 신호위반 딱지를 뗐다. 덕분에 의사당에 도착할 시간이 조금 더 지체되긴 했지만 처칠은 공정한 기준으로 법질서를 준수하는 교통경찰의 행동에 무척이나 흐뭇했다.

회의가 끝난 후에 처칠은 런던 경시청장에게 직접 전화를 해 사연을 들려주며 해당 교통경찰관의 1계급 특진을 지시했다. 그런데 런던 경시청장은 "마땅히 해야 할 일을 한 경찰에게 특진을 해주는 조항은 없다"라며 지시를 따를 수 없다고 했다. 순간, 자신의 실수를 깨달은 처칠은 하루에 두 번씩이나 망신을 당하긴 했지만 신분이나 지위와 무관하게 공정하게 법을 집행하는 경찰관들의 모습에 흐뭇함과 든든함을 느꼈다.

교통신호를 위반할 시에 범칙금을 부과한다는 법 규정에 돈이나 권력, 지위 등에 따라 예외를 둔다면 이미 법으로서의 힘을 잃은 것이나 다름없다. 수상이 아니라 왕족이 신호를 위반해도 예외 없이 딱지를 끊을 때라야 비로소 모든 구성원이 그것을 신뢰하며 자발적으로 따를 수 있다.

기업이라는 조직도 마찬가지이다. 사규로 명시된 규정은 물론이고, 부서나 팀 등의 하위조직 내에도 다양한 형태의 규칙이 존재한다. 또 조직을 이끄는 리더의 지시나 꾸지람 등도 넓은 의미에서는 구성원이 따르고 지켜야 할 규정이라 할 수 있다.

조직을 이끌며 분명하고 명확한 기준을 만드는 것이 리더의 일이듯, 그렇게 만들어진 기준을 잘 지키며 스스로 모범을 보이는 것도 리더의 역할이다. 예를 들어 '30분 전 출근'이 리더가 제 나름의 소신에 따라 만든 기준이라면 리더가 먼저 모범을 보여야 한다. 리더가 눈이 오나 비가 오나 예외 없이 정해진 출근시각보다 30분 전에 와서 책상을 정리 정돈하고 가볍게 체조를 한 후에 따뜻한 차 한잔으로 하루를 연다면 구성원들은 말로 강제하지 않아도 스스로 그것을 따를 것이다.

그러나 기준을 만들 줄만 알고 리더 자신은 그 기준에서 예외라 생각하며 아무렇게나 행동한다면 그를 따르기가 어렵다. 아무리 좋은 취지로 만든 기준이라도 구성원에게는 부당하고 불합리하게 다가올 수 있기 때문이다.

신뢰도 쌍방향이다

사랑을 받고 싶으면 먼저 사랑을 줘야 하듯이 신뢰를 얻고 싶으면 먼저 신뢰를 줘야 한다. 즉, 구성원이 리더를 신뢰하는 것만큼이나 중요한 것이 리더가 구성원들을 신뢰하는 것이다.

조직행동 분야의 연구자들에 의하면, 리더가 자신을 신뢰하지 않는다고 느낄 때 직원들은 좋은 성과를 내기 위한 노력을 더 이상 기울이지 않는다고 한다. 또 부하직원에 대한 리더의 신뢰가 무조건적일 때라야 비로소 그 신뢰가 효과가 있다고 한다. 즉, 어중간한 신뢰는 신뢰도 아니라는 것이다. 굳이 학자들의 연구 결과가 아니라 상식선에서 봐도 99%의 신뢰라는 말은 의미 없는 말장난에 불과하다. 1%의 불신이 끼어든 신뢰는 이미 신뢰가 아니기 때문이다.

분노,
선부터 분명하게 긋자

"사무실 공기가 왜 이래? 당장 창문 열고 환기 안 시켜! 이런 쾌쾌한 환경에서 일을 하니 그런 근무 태도가 나오지!"

잔뜩 찌푸린 얼굴로 사무실로 들어선 권 팀장은 서류를 책상 위로 집어던지며 버럭 소리를 질렀다. 임원 회의에 필요한 보고서를 부서장에게 제출했다가 실수가 발견되어 불려 갔다 오는 길이었다.

"야! 신입 너 말고 박 과장 네가 창문 열어! 일도 못 하는 게 행동까지 느려터져서는! 어서 안 움직여?"

신입사원이 창문을 열려고 자리에서 일어나자 권 팀장은 박 과장을 손가락으로 가리키며 화를 냈다. 자신이 만든 보고서에 문제가 있었던 탓에 가뜩이나 움츠려 있던 박 과장은 권 팀장의 큰 소리에 놀라 자리에서 황급히 일어나 창문 쪽으로 달려갔다. 그런데 너무 서두른 나머지 다른 팀원의 의자에 걸려 넘어지고 말았다.

"야! 넌 걷는 것도 못 하냐? 넌 도대체 제대로 할 수 있는 게 뭐냐? 작년 상반기 판매 자료를 넣어야 할 곳에 하반기 판매 자료를 넣는 너 같은 멍청이한테 과장까지 달아준 이 회사가 참 한심스럽다!"

사무실이 떠나갈 정도로 쩌렁쩌렁하게 울리는 권 팀장의 목소리에 박 과장은 쥐구멍에라도 들어가고 싶었다. 자기가 실수를 한 것은 사실이지만 그렇다고 해서 멍청이라는 둥 도대체 할 수 있는 게 뭐냐는 둥의 폭언까지 들어야 한단 말인가! 더군다나 팀원들이 전부 다 지켜보는 앞에서 자신을 공개적으로 모욕하고 비난하니 쓰라린 모멸감과 수치심까지 밀려왔다.

여기가 전장이고 우리가 적군인가?

화를 내는 것은 나쁘지 않다. 오히려 정신건강을 위해서는 화가 나면 억누르지 말고 화를 내는 것이 좋다. 늘 문제가 되는 건 화를 내는 방법이다. 화를 내는 방법이 잘못되면 화는 제2의 화를 부르고 관계를 망치고 상황을 더욱 악화시킨다.

리더는 성인군자가 아니기에 화가 치밀어 오르면 콧김을 뿜을 수도 있고, 고함을 지를 수도 있다. 그러나 아무리 화가 나도 절대 넘지 말아야 하는 분명한 선이 존재한다. 사람마다 조금은 차이가 날 수도 있지만, 내가 싫은 것은 상대도 싫어한다는 상식의 기준만 지킨다면 크게 문제될 것은 없다.

흔히들 마음이 건강하려면 자신의 감정에 충실해야 한다고 말한다. 그러나 그것이 감정에 본능적으로 반응하고 감정을 여과 없이 표현하라는 의미는 아니다. 앞선 사례의 권 팀장의 경우 박 과장의 실수로 부서장에게 망신을 당하고 혼이 났다. 그러니 박 과장에게 화가 나는 것은 너무나 자연스러운 일이다. 그런데 그 화를 굳이 순도 100%로 분출할 필요가 있었을까?

순간적으론 기분이 나아졌을지는 모르지만 결국 둘의 관계는 회복하기 힘들 만큼 나빠졌을 것이다. 어쩌면 박 과장의 마음속에도 권 팀장에 대한 분노가 스멀스멀 자라나서 그를 향한 보복성 일탈 행위를 계획할지도 모를 일이다. 게다가 다른 팀원들도 권 팀장의 막무가내식 분노 표출을 지켜보며 그를 '분노조절장애'를 가진 리더로 인식할 가능성이 크다.

분노는 자연스러운 감정이지만 '건드리기만 해봐. 폭발해버릴 테니까!'라며 늘 시한폭탄처럼 분노를 껴안고 사는 것은 결코 자연스럽지 않다. 분노를 다스리거나 조절하기 어려워서 공격적이고 파괴적인 방식으로 표현하는 증상을 심리학에서는 '분노조절장애'라고 한다.

분노조절장애를 겪는 사람은 분노를 참거나 조절하기가 어렵다. 그래서 화를 낼 만한 일이 아닌데도 화를 낸다거나 화를 낼 만한 일이래도 그 정도가 너무 과도해 사람들에게 공포감과 피해를 주는 일이 잦다. 이들은 한번 분노하면 시위를 떠난 활처럼 감정을 주체하지 못하며 사소한 문제에도 습관처럼 분노의 화살을 날린다.

2018년 건강보험심사평가원의 자료를 보면, 분노조절 문제로 의료기관의 진료를 받은 사람이 2015년 이후로 매년 꾸준히 증가하고 있다. 그래서인지 분노를 제대로 조절하지 못해 우발적으로 저지르는 사회적 범죄도 계속 늘고 있다. 2018년도 한 해 동안 순간적인 화를 참지 못하고 우발적으로 저지른 살인사건만 해도 400여 건에 달한다.

태도가 마음에 안 든다, 시끄럽다, 눈빛이 마음에 안 든다 등등 사소한 이유로 분노하여 상대를 잔혹하게 가해한 강력범죄자들에 관한 이야기를 신문이나 뉴스를 통해 종종 듣는데, 전문가들은 그들에게 '분노조절장애'가 있을 가능성이 크다고 진단한다.

물론 이런 강력범죄자들과 비교하며 설마 내가 그 정도로 분노를 조절하지 못하겠는가라고 생각하겠지만, 현실은 나의 그런 바람과는 다소 거리가 있다. 2019년에 행정안전부가 중앙부처에 근무하는 20~30대 공무원 264명을 대상으로 설문조사를 했다. 그런데 응답자 열 명 중 여덟 명(81%)이 조직 내에 함께 일하고 싶지 않은 리더가 있다고 답했다. 또한 43%의 응답자가 가장 함께 일하기 싫은 리더의 유형으로 후배직원의 잘못이나 실수에 대해 과도하게 분노를 표출하는 '분노조절장애' 리더를 꼽았다.

분노는 인간이 느끼는 자연스러운 감정 중 하나이기에 그 자체만으로는 큰 문제가 되지 않는다. 그러나 앞서 언급한 여러 사회적 문제의 원인이 된 증세처럼 본인의 의지로 분노를 조절할 수 없을 시에는 정신적·신체적·물리적 영역에서 다양한 문제를 유발하기에 미리 관리하고 다스려야 하는 감정이기도 하다.

특히 조직은 공동의 목표를 위해 서로 협력해야 하고, 내가 생존하려면 우선 조직이 생존해야 하는 운명 공동체다. 그러니 힘과 권력을 가진 리더라고 해서 구성원을 함부로 대해서는 안 된다. 상대를 죽여야 내가 사는 전장도 아니고 적군도 아닌데, 기분이 나쁘다고 화가 난다고 내 마음대로 했다가는 결국 아군을 무차별 공격해서 공멸에 이르게 하는 최악의 리더가 될 수 있다.

분노 표현의 명확한 가이드라인이 필요하다

"노하기를 더디 하는 사람은 용사보다 낫고, 자기의 마음을 다스리는 사람은 성을 점령한 사람보다 낫다."

《구약성서》에 나오는 이 말은 분노에 대해 명확한 지침을 제시한다. 분노는 허용하되 그 마음이 격하여 죄로 이어지는 것을 경계하도록 조언한다. 즉, 분노하되 표현할 때는 분명한 선을 지키라는 의미를 담고 있다.

분노가 치밀어 오를 때 즉시 그것을 다스리고 선을 넘지 않도록 조절하기란 생각만큼 쉽지가 않다. 따라서 평소 '아무리 화가 나도 이러이러한 것은 절대 하지 않겠다'라는 분노의 표출에 대한 자신만의 분명한 기준을 정해두는 것이 중요하다. 그리고 실제 화가 나는 상황일 때 이러한 기준을 잘 지키고 있는지 객관적인 시각으로 자신을 살펴야 한다. 그리고 화가 가라앉고 평온한 상태가 되면 잘 지킨 것은 칭찬하고 잘 지키지 못한 것은 반성함으로써 이후 발생하는 화에 건설적으로 적용해나가는 것이 좋다.

다음은 화를 낼 때 넘지 말아야 할 선을 일반적인 기준으로 정리해둔 것이다. 분노의 표출에 있어 나만의 분명한 선을 정할 때 다음 내용을 참고하면 도움이 될 것이다.

다른 사람 앞에서 화내지 마라

화는 불같이 급한 성질의 감정이라 방아쇠가 당겨지면 순식간에 끓어오른다. 그래서 사람이 많은 곳에서든 적은 곳에서든 가리지 않고 분출된다. 그러나 다른 사람이 있는 곳에서 상대에게 화를 내면 상대는 자신의 잘못에 대한 반성이나 후회, 미안함보다는 수치심과 모멸감을 먼저 느낀다. 그렇기 때문에 내가 화를 내는 목적이 상대에게 온전히 전해지기가 어렵다. 단순히 화가 난 감정을 폭발시키며 상대에게 분풀이하는 것이 목적이 아니라면 화가 날 때는 반드시 다른 사람이 없는 곳에서, 상대에게만 나의 감정을 표현해야 한다.

물리적인 폭력을 행사하지 마라

화가 나면 습관적으로 물건을 던지거나 주먹으로 책상을 쾅쾅 내리치는 리더가 있다. 이런 행동은 상대에게 '나는 너에게 당장이라도 폭행을 가할 수 있다'라는 공포감을 안겨줄 수 있기에 절대 해서는 안 된다. 상대에게 직접 물리적인 폭행을 가하지 않더라도 이런 행위만으로도 충분히 위협적일 수 있다. 화를 내는 데 분명한 이유가 있는 만큼 그것만 분명하게 전하면 된다. 상대를 위협하는 것은 애초에 자신이 의도한 바가 아닐 것이며, 의도해서도 안 된다.

욕설을 내뱉지 마라

사람 위에 사람 없고 사람 아래 사람 없다는 옛말처럼, 욕설을 들어도 마땅한 사람은 그리 많지 않다. 더군다나 업무적으로 연결된 공적인 관계에서는 직급과 무관하게 기본적인 예의를 지켜야 한다. 다시는 안 볼 사람이 아니라면 욕설 같은 막말은 삼가야 한다. 아무리 실수나 잘못을 했다고 해도 욕설을 들으며 인간적인 모욕감까지 느껴 마음에 상처를 입은 직원이 리더와의 건강한 관계를 회복하기란 쉽지 않다.

지나간 이야기는 다시 하지 마라

화를 쏟아내는 사람을 유심히 지켜보면 도대체 무슨 일 때문에 화가 났는지 감을 잡을 수 없을 때가 종종 있다. 약속한 업무를 기한 안에 처리하지 못해서인지, 일주일 전에 보고서를 제출할 때 참고자료를 빠뜨려서인지, 평소 인사를 잘 하지 않아서인지, 주말에 카톡을 확인하지 않아서인지 도통 알 수가 없다. 물론 이전에 저지른 사소한 잘못이나 실수가 묵은 분노로 쌓였을 수는 있다.

그렇다고 해서 현재의 문제를 떠나 과거 사건을 줄줄이 다 끄집어내어 화를 낸다면 결국 '난 네가 마음에 들지 않아, 난 네가 너무 싫어!'라는 의미로 들릴 수 있다. 부하직원은 리더가 왜 자신에게 화가 났는지를 정확하게 알아야 이후의 행동이나 태도를 수정할 수 있다. 그러니 화를 낼 때는 무엇 때문에 화가 났는지, 해당 사건에 대해서만 분명하게 말해주면 된다.

인신공격으로 상대의 콤플렉스를 자극하지 마라

아무리 화가 나도 상대의 콤플렉스를 건드려서는 안 된다. "그 뚱뚱한 몸으로 고객을 응대하니 누가 좋아하겠어", "넌 그 사투리부터 고쳐. 듣는 나도 짜증 나는데 고객은 오죽할까", "너 지방대 나왔다고 했지? 꼭 지방대 출신들이 머리가 안 되니 말로 이기려고 들더라" 등과 같이 개인의 외모나 출신지, 학력, 가족 등을 비하하는 인신공격은 절대 금물이다. 특히 상대도 그것에 불편함이나 콤플렉스를 가지고 있다면 더더욱 그렇다. 상대의 약점을 건드리는 말은 상대에게 상처와 분노를 불러오는 것은 물론이고 나 자신의 인격도 바닥으로 떨어뜨린다.

목소리가 커지는 것을 경계하라

분노를 표출하면서 가장 경계해야 할 것이 분노의 폭주이다. 분노의 폭주를 크게 부추기는 것 중 하나가 큰 목소리이다. 화가 난다고 목소리를 높이다 보면 화의 감정이 점점 더 커지는 것을 느낄 수 있다. 분노를 더 키워서 좋을 일은 딱히 없다. 특히 직장에서는 리더로서의 평판도 중요하고, 상대의 감정도 중요하다. 비록 잘못이나 실수를 해서 현재 리더인 자신의 화를 돋우고는 있지만 자신이 화를 내는 상대도 조직 구성원 가운데 한 명임을 잊지 말아야 한다. 그러니 큰 목소리로 스스로 화를 더욱 자극해서는 안 된다.

이외에도 "네가 그렇지 뭐", "넌 항상 그래"와 같이 단정 짓는 말, "일도 못 하는 인간이 이제 지각까지 하니?"와 같은 비난의 말

등도 해서는 안 된다. 분노의 이유가 아무리 정당해도 그것을 표현하는 방식이 올바르지 못하다면 나의 분노가 본질을 잃고 왜곡되어 전달될 위험이 있다. 게다가 정말 화를 낼 만한 일에 화를 내는데도 '저 사람은 원래 저렇게 화를 잘 내', '저 사람은 너무 폭력적이야', '저 사람은 원래 사람을 무시해'처럼 내 분노의 정당성보다 비인격적이고 폭력적인 말과 행동에 초점이 맞춰질 수 있다. 그러면 부하직원에게 신임을 잃기 쉽다.

피할 수 없다면 품격 있게 화내자

"야! 김 과장, 너 이리로 와. 너 이걸 기획안이라고 냈어? 네 기획안 때문에 내가 프로젝트 회의에서 얼마나 망신을 당한 줄 알아? 한마디로 네 기획은 참신함이 없어, 참신함이! 전혀 새롭지가 않다고!"

"아, 네…"

"아, 네? 죄송한 게 아니고? 남들 다 하는 말을 네가 한 번 더 하라고 회사에서 꼬박꼬박 돈을 주는 게 아니란 말이야! 세상에 없는 새롭고 참신한 것을 기획하라고 회사가 네게 돈을 주는 거라고! 알겠어?"

"죄, 죄송합니다."

"죄송해? 죄송하면 다야? 너는 그래서 안 돼. 일은 열심히만 한다고 되는 게 아니야. 잘해야지. 능력이 없으면 얼른 떠나주는 게 회사를 위한 일이란 거 몰라?"

야근도 불사하고 열심히 준비한 기획안이 프로젝트 회의에서 혹평을 받았다고 하니 김 과장은 마음이 착잡했다. 왜 자신에겐 모두가 좋아할 만한, 칭찬할 만한 참신한 기획안을 낼 능력이 없는 것인지 한탄스럽기만 했다. 그런데 그보다 김 과장의 마음을 더 아프게 하는 것은 팀의 리더인 강 팀장의 막말 폭언이었다.

인간이기에 실수도 하고 잘못도 하고, 기대 이하의 성과물을 내놓기도 한다. 그런데 그때마다 매번 강 팀장은 송곳과도 같은 뾰족한 말로 팀원들을 무참히 찔러대니 제아무리 맷집이 좋은 사람이라고 해도 상처를 안 받을 수가 없었다. 오늘도 김 과장의 가슴엔 크고 뾰족한 송곳이 하나 꽂혔고, 아프다 못해 슬프기까지 했다.

분노, 감정이 아닌 사실을 전하자

화가 났을 때 그것을 밖으로 표현하는 데는 크게 두 가지의 이유가 있다. 하나는 화가 난 나의 감정을 밖으로 표현함으로써 스스로 감정을 정화하고 마음을 건강하게 유지하기 위해서다. 이는 마치 극심한 슬픔을 느낄 때 나도 모르게 눈물이 펑펑 쏟아져 나오는 것과 같은 이치이다. 게다가 화를 표현함으로써 상대에게 나의 감정을 전할 수 있다. 당신 때문에 화가 났으니 위로를 하든 사과를 하든, 어떻게든 나를 좀 토닥여달라는 것이다.

화를 겉으로 표현하는 또 다른 이유는, 상대에게 혹은 상대와의 관계에서 변화와 개선을 바라기 때문이다. 리더는 조직 구성원이 실수나 잘못을 줄이고, 업무 태도와 역량 등을 개선하기를 희망해서 화를 낼 때가 많다.

이런 본래의 의도는 잊은 채 일부 리더는 '분노'라는 자신의 감정에 집중한 나머지 소리를 지르고 막말을 하고 심지어 욕설을 하거나 물건을 집어던지기까지 한다. 이럴 경우, 대부분은 왜 화가 났는지, 그래서 무엇을 바라는지가 상대에게 제대로 전달되지 못하기 때문에 상대의 변화나 개선의 여지도 그만큼 줄어든다.

앞선 사례에서 강 팀장이 김 과장에게 화가 나는 것은 당연한 일일 것이다. 그는 김 과장의 진부한 기획안 때문에 프로젝트 회의에서 망신을 당해서 무척이나 창피했을 것이다. 그런데 그렇다고 해서 김 과장에게 꼭 그런 거칠고 모욕적인 표현을 하며 화를 냈어야 했을까?

강 팀장이 분노한 원래의 의도는 김 과장의 진부한 기획안을 나무라는 것이 아니라 다음부터는 제발 참신하고 새로운 기획안을 제출해달라는 것이었다. 그런데 프로젝트 회의에서 망신을 당한 것이 창피하고 화가 나서 미처 감정을 다스릴 여유가 없었던 탓에 날것 그대로 화를 분출한 것이다. 그 결과 김 과장의 가슴에 깊은 상처만 남기고, 업무 능력 향상은커녕 둘의 관계마저 회복하기 힘든 상태가 되었다.

강 팀장의 분노는 조직에도 전혀 득이 될 것이 없다. 오히려 해를 입힐 가능성이 크다. 김 과장이 억울하고 분한 마음에 다양한 일탈행위로 조직에 손해를 입힐지, 과감히 사표 제출을 선택하며 아예 조직을 떠나버릴지는 알 수 없다. 그런데 무엇이 되었건 조직에 득이 아닌 해가 될 것이 분명하다. 설령 김 과장이 와신상담의 각오로 실력을 키워 강 팀장이 바라던 인재로 거듭난다고 해도 그는 자신의 능력을 강 팀장 아래에서 발휘하고 싶지는 않을 것이다.

조직에서 구성원은 기대하는 만큼의 실력이 나오지 않는다고 해서, 업무 태도가 마음에 들지 않는다고 해서 쉽게 버릴 수 있는 소모품이 아니다. 빈자리는 누군가로 다시 채워야 하고, 그 자리를 더 나은 실력과 태도를 가진 사람이 채운다는 보장도 없다. 따라서 리더는 다독임과 지적을 적절히 잘 섞어가면서 구성원이 더 나은 실력과 태도를 갖추도록 이끌며 함께 나아갈 수밖에 없다. 이를 위해선 분노의 순도를 낮추고 정제하여 지혜롭게 표현할 필요가 있다.

상대와의 관계를 망칠 의도가 아니라면 화내는 데도 기술이 필요하다. 지혜로운 리더는 직원의 실수나 잘못에 대해 화를 낼 때도 전략적으로 접근한다. 정당한 분노도 표현 방식에 따라 부당하게 느껴질 수 있다. 제아무리 의도가 올바르다고 해도 그것을 전달하는 표현 방법이 올바르지 못하면 상대에게 나의 말과 행동이 원래의 뜻대로 전해지기 어렵다. 더군다나 분노와 같은 부정적인 정서는 더 신경 쓰고 지혜롭게 표출해야 한다. 특히 리더는 성과 향상이나 목표 몰입을 위한 분노 표출이 구성원에게 단순한 화풀이식 공격으로 인지되지 않도록 주의해야 한다. 자신의 분노 표출이 조직의 성과에 힘을 더하기 위한 것임을 구성원들이 알 수 있도록 분노 표출 전략을 세울 필요가 있다.

'인정'으로 시작하여 '대안'으로 마무리하자

분노를 지혜롭게 표현하려면 거칠고 격렬한 분노의 감정을 최대한 정제하여 메시지만 명확하게 전하는 것이 중요하다. "이러이러한 일로 나는 지금 이러이러한 기분을 느낀다. 그리고 나는 당신이 앞으로 이러이러했으면 하고 바란다"와 같이 왜 화가 났는지, 그 화로 인해 현재 나는 어떤 감정을 느끼고 있는지 그리고 문제를 해결하고 상황을 개선하기 위해 상대가 무엇을 해주었으면 하는지에 대한 분명한 메시지를 전달해야 한다.

일단 '인정'부터 하고 시작하자

분노의 감정을 가라앉히고 최대한 이성적으로 말한다고 해도, 지적부터 한다거나 오로지 지적만 한다면 상대의 감정이 상할 수 있다. 실수나 잘못을 한 직원의 감정까지 고려해야 한다는 것이 마뜩잖을 수도 있지만 '조직의 성장과 발전'이라는 대의를 생각한다면 구성원의 감정까지 배려하는 지혜로운 리더가 될 필요가 있다. 이를 위해 지적의 말을 하기 전에 우선 상대의 노력이나 능력 등을 '인정'하는 말부터 해주는 것이 좋다. 그런 긍정의 말로 이야기를 시작하면 서로가 좀 더 편안한 분위기에서 메시지를 주고받을 수 있기 때문이다.

"김 과장은 보고서 작성을 정말 꼼꼼하게 잘하는 것 같아. 거기다 기한도 칼같이 지키고 말이야. 그런데 한 가지 아쉬운 것은, 참신한 시각이 조금 더 보태졌으면 좋겠어. 요즘은 워낙 새로운 거, 특별한 걸 선호하는 시대잖아. 사실 이번 기획서도 그런 참신함이 좀 아쉬웠어. 다음번엔 더 잘할 거라고 기대할게."

강 팀장이 김 과장에게 이렇듯 지혜롭고 품격 있게 화를 냈다면 어땠을까? 매번 참신한 기획안을 낼 수 있을 정도의 창의성을 타고난 사람도 있겠지만 대다수는 노력으로 결과를 만들어낸다. 김 과장 역시 조직의 리더인 팀장이 믿어주고 격려해준다면 더 열심히 열정을 짜내고 노력을 기울여 바라던 결과물을 내놓을지도 모를 일이다.

실수와 잘못을 연발하고 업무 능력이 한참 부족한 직원일지라도 마냥 못나기만 한 경우는 없다. 입사시험도 당당히 통과했고, 입사 이후 줄곧 제 나름의 최선을 다하면서 굳건히 자신의 자리를 지키고 있지 않은가. 눈을 크게 뜨고 보면 그에게도 나름의 장점과 칭찬할 거리가 보일 것이다. 그것을 찾아 충분히 칭찬하고 인정해준 뒤에 잘못을 지적하고 개선 방향을 제시해도 늦지 않다.

지적할 때는 '나'를 주어로 사용하자

조직의 발전을 위해 상대의 실수나 잘못을 지적하고 혼내는 것은 필요한 일이다. 그러나 그 표현만큼은 아주 신중해야 한다. 직급과 무관하게 인간은 너나없이 귀하고 존중받아야 할 존재이기에, 상대를 공격하는 표현이나 기분 나쁠 수 있는 표현은 가능한 삼가고 상대의 감정을 배려하는 표현을 사용해야 한다.

갈등 상황에서 상대를 배려하면서 나의 감정과 의사를 분명하게 전달할 수 있는 중립적인 표현법으로 자주 활용되는 것이 '나 표현법(I-Message)'이다. 나표현법은 문장의 주어로 '나'를 사용하는 대화법으로, "당신이 ○○해서 내가 참 난처하다", "당신이 ××해서 내가 참 실망감이 크다"처럼 상대의 행동이나 태도로 인해 '나'의 감정이나 상황이 어떠하다고 전하는 것이다. 즉, '나를 화나게 하고 스트레스를 주는 상대의 행동이나 사실을 객관적으로 서술'하고, 그로 인해 '나는 현재 어떤 감정이며 어떤 문제를 겪고 있다'를 분명하게 표현하면 된다.

예를 들면 "자네는 왜 그렇게 일을 허술하게 처리하나!"라는 말 대신 "자네가 일을 허술하게 처리하는 바람에 내가 많이 난처해졌어"라고 '나'를 주어로 하여 메시지를 전하는 것이다.

지적을 했다면 대안도 함께 제시하자

조직의 발전을 바란다면 리더는 무작정 '분노'할 것이 아니라 문제를 명확하게 지적함은 물론이고, 문제를 해결할 대안도 함께 제시해주어야 한다. 즉, 잘못이나 실수를 지적하는 것 이외에도 '그래서 어떻게 할 것인가'에 대한 대답도 더불어 제시해주어야 한다.

소리를 지르거나 욕설을 하진 않더라도 일방적인 지적만 계속된다면 상대는 이 역시 자신을 향한 비난과 공격으로 받아들일 수 있다. 게다가 실컷 꾸짖어놓고는 아무런 대안도 제시하지 않는다면 직원은 실수를 반복할 가능성이 크다.

물론 리더가 직접 솔루션을 제시하기 전에 직원에게 "어떻게 할 것인가"를 묻고 그의 생각을 들어볼 필요가 있다. 그것이 리더 자신의 생각과 유사하거나 일치한다면 격려하며 힘을 북돋아주고, 만약 서로 차이가 있다면 의논을 통해 함께 방향을 찾아가는 것도 좋다. 이때 가능한 개선 방법에 대해 구체적으로 이야기하여 의견을 일치시키는 것이 좋다.

조직을 둘러싼 경쟁적인 경영환경은 리더가 직원의 좌충우돌을 지켜보며 스스로 길을 찾아가도록 지켜볼 여유를 주지 않는다.

그러니 묵묵히 지켜보다 마음에 들지 않으면 버럭 화를 내기보다는 직원이 길을 찾을 수 있도록 적극적으로 안내해주어야 한다. 리더는 직원을 테스트하고 평가하는 사람이 아니라 그들을 이끌고 나아가며 그들과 함께 성장하는 사람이기 때문이다.

일단, 원하는 바를 분명하게 말하라

'하루 이틀 해온 일도 아닌데 당연히 알아서 잘 하겠지'라고 아무 말 않고 있다가 자신의 기대와는 다른 결과물을 가지고 왔을 때 버럭 화를 내는 리더가 적지 않다. 임무를 줄 때 리더가 원하는 바와 기대하는 바를 분명하게 말해주어야 부하직원이 업무의 방향을 잡기가 수월하다. 이는 부하직원에 대한 신뢰와는 별개의 문제이다. 조직에서의 업무는 절대적인 답이 정해져 있기보다는 평가자나 최종 결정권자의 주관적 시각에 좌우되는 경우가 많다. 때문에 리더 개인의 분명한 평가 기준이 존재하는 업무라면 아예 처음부터 자신의 기준을 분명하게 말해주는 것이 좋다.

더불어 업무 외적인 부분 역시 매번 상황이 벌어지고 나서 잔소리하거나 화를 낼 것이 아니라 달라지고 개선되길 바라는 부분이 있다면 미리 분명하게 말을 하는 것이 낫다. 테이블 끝에 아슬아슬하게 걸쳐진 물컵을 봤다면 물이 쏟아지고 컵이 깨진 후에 화를 낼 것이 아니라 미리 물컵을 테이블 안쪽으로 안전하게 넣으라고 말해주면 된다. 그러면 물컵이 떨어질 일이 없어지니 화를 낼 필요도 없다. 이처럼 미리 말을 하면 화날 일이 줄어들 여지가 얼마든지 있다.

뿌리 깊은 나무는
바람에 흔들리지 않는다

"최 과장, 요즘 고생이 많지? 신입사원 들어와서 일 가르치느라 힘들 텐데 김 대리까지 육아휴직을 하고, 이 과장은 신혼여행으로 일주일이나 자리를 비웠으니 혼자서 얼마나 정신없고 바빴을까. 그래서 이번처럼 일정이 다급한 기획안을 최 과장한테만 맡긴 게 내심 미안했어."

비록 최 과장의 기획안이 부서장 회의에서 혹평을 받기는 했지만, 윤 팀장은 현재 최 과장이 처한 상황을 충분히 이해하고 공감하기에 화를 내거나 지적하기보다는 위로와 격려가 필요하다고 판단했다.

"아닙니다. 팀장님. 사실 이번 기획안에 제가 좀 더 신경을 썼어야 했는데, 시간도 촉박한 데다 같이 아이디어를 나눌 사람이 없다 보니 작업 초반에 많이 헤맸습니다. 만족스러운 결과물을 내놓지 못해서 정말 죄송합니다."

최 과장은 진심으로 사과를 했다.

"아니야. 결과가 좋지 않게 나와서 처음엔 실망스러운 마음이 들기도 하고 화도 났지만 생각해보니 나였어도 그랬겠더라고. 아니, 나는 어쩌면 아예 중간에 두 손 들었을지도 몰라. 하하."

윤 팀장은 최 과장이 중간에 안 한다, 못 한다는 소리를 하지 않고 묵묵히 기한을 지켜준 것에 대해 칭찬하고 인정해주었다. 그리고 만족스러운 결과물이 나오지 못한 이유는 최 과장의 업무 능력 문제가 아닌 상황적인 영향이 크다는 것도 거듭 강조했다. 또한 자신이 리더로서 더 많이 신경 써주지 못한 부분에 대해서도 미안한 마음을 표현했다.

"그렇게 말씀해주시니 정말 감사합니다. 사실 이번 부서장 회의 결과를 듣고 너무나 죄송스럽고 마음이 무거웠습니다. 그런데 팀장님께서 이렇듯 제게 다시 힘을 주시니 앞으로 우리 팀을 위해, 우리 회사를 위해 더욱 최선을 다해야겠다는 생각이 듭니다. 정말 감사합니다!"

'혹시'하며 가슴 졸이며 팀장실에 들어갔던 최 과장은 '역시'라며 흐뭇한 미소와 함께 다시 자리로 돌아왔다.

관계의 뿌리가 중요하다

두 명의 리더가 있다. 이들은 똑같은 상황에서 똑같은 말로 화를 내는데, 누구는 구성원의 지지를 얻고 누구는 손가락질을 당한다. 전자의 경우 구성원들은 '그가 화를 내는 것은 다 그럴 만한 이유가 있기 때문일 것이다', '그가 저토록 화를 내는 것은 우리가 그만큼 잘못했기 때문이다'라며 화내는 리더의 입장과 마음을 더 깊이 이해하려고 노력한다. 그런데 후자의 경우 구성원들은 '또 시작이네. 아휴, 짜증 나!', '내가 정말 저 인간 보기 싫어서라도 얼른 여길 떠나든지 해야지'라며 리더에 대한 반감을 더욱 키운다.

뿌리가 깊고 기둥이 튼튼한 나무는 세찬 바람에도 흔들리지 않는다. 사람과 사람의 관계도 마찬가지이다. 평소 관계의 바탕이 탄탄한 사람들은 분노 같은 부정적인 감정에도 크게 영향을 받지 않는다. 상대가 왜 화를 내는지 충분히 이해하고 공감하거나, 그럴 만한 이유가 있어서 화를 낸다고 믿기 때문이다.

관계의 바탕이 탄탄하면 조직원은 리더의 분노를 열린 마음으로 수용한다. 그러나 반대의 경우엔 리더의 정당한 분노조차 '또라이 갑질'로 인식될 수 있다. 조직 구성원은 평소 그들이 보아온 리더의 말과 행동이라는 데이터를 근거로 그에 대한 신뢰를 구축하고, 관계의 바탕을 만들어간다. 그 결과 리더의 분노에 '우리 팀장이 화를 낼 때는 다 이유가 있다'라고 신뢰를 드러내거나 반대로 '저 인간은 왜 또 저렇게 펄펄 뛰고 난리야?'라며 짜증을 내기도 하는 것이다.

피 한 방울 섞이지 않은 남이 모여 공동의 목표를 향해 함께 나아가려면 무엇보다 리더와 구성원 사이의 관계를 깊고 견고하게 만드는 것이 아주 중요하다. 관계의 바탕이 탄탄하지 않으면 사소한 갈등 상황에서도 조직은 흔들릴 수 있다. 더군다나 리더가 크게 화를 내는 상황이라면 구성원의 불안감과 스트레스가 가중되어, 결국 몸과 마음이 모두 조직을 떠나버릴 위험도 있다.

리더와 구성원 사이의 관계를 깊고 견고하게 하기 위해선 어느 한쪽의 일방적인 노력이 아니라 양쪽 모두의 노력이 필요하다. 그런데 기업과 같이 위계를 중요하게 생각하는 조직에서는 리더의 역할이 더욱더 크고 중요하다.

"역시 김 대리야! 김 대리가 최고야!"라고 한껏 비행기를 태우다 며칠 뒤 언제 그랬냐는 듯 "너 같은 멍청이는 내 인생에 도움이 안 돼!"라며 기분이나 상황에 따라 전혀 다른 얼굴을 보이는 리더를 누가 믿고 따르겠는가. 달면 삼키고 쓰면 뱉는 듯한 태도로 함께 일하는 동료를 마치 도구 취급하며 함부로 대하는 리더라면 그와 관계를 맺고 있다는 것 자체가 끔찍한 스트레스일 수 있다.

"이번 기획안에서 박 대리 이름은 뺐어. 그거 큰 틀은 다 내가 잡아준 거니까 일단 내 이름으로 올리고 박 대리는 좀 더 업무에 익숙해지면 그때 이름을 함께 올리든지 말든지 고민해보자고."

부하직원이 며칠 동안 밤낮을 고생해서 만든 성과를 가로채 모두 자신의 공으로 만들어버리는 양심 없는 얌체형 리더도 끔찍하긴 매한가지다. 이런 상황이라면 신뢰가 싹틀 수 있을 리 없다.

상황이 좋을 때 칭찬하고 의욕을 북돋아주는 것은 기본이며, 상황이 좋지 않거나 심지어 직원이 실망스러운 업무 태도나 성과를 내놓을 때조차도 리더는 평상심을 지키며 좋은 관계를 유지하기 위해 노력해야 한다. 즉, 분노하여 질책이나 비난을 할 것이 아니라 그간의 노력을 인정해주고 격려해주되, 앞으로 나아가야 할 방향 또한 더욱 분명하게 제시해줄 필요가 있다. 또 열심히 하고 잘하는 직원은 그의 능력과 노력을 인정해주고 칭찬하며 의욕을 북돋아주어야 한다. 구성원 모두가 최고의 빛을 낼 수 있도록 돕고 이끌어줄 때 리더 자신도 최고로 환한 빛을 낼 수 있다.

이렇듯 햇빛이 환한 날에도, 비가 오거나 눈이 내리는 날에도 한결같은 모습을 보여주는 든든한 리더를 지켜보며 구성원은 그에게 깊은 신뢰를 느낀다. 그리고 그때 서로의 관계에 굵고 건강한 뿌리가 생겨난다.

리더는 조직의 문화를 리드한다

조직에서는 리더와 구성원의 관계 못지않게 구성원 간의 관계도 중요하다. 그리고 구성원 사이의 관계 형성에도 리더의 영향력은 매우 크다. 공동의 목표를 향해 나아가지만 가치관이나 생각이 서로 다를 수 있기에 조직 구성원 간에는 다양한 갈등이 존재할 수 있다. 리더는 조직에서 발생할 수 있는 다양한 갈등 상황을 억누르거나 피하지 않으면서 너무 과잉되지 않도록 잘 조율해야 한다.

자유롭게 생각을 주고받는 '소통의 문화'를 리드하자

리더는 직급과 상관없이 업무와 관련된 서로의 의견을 자유롭게 나누고, 나와 반대되는 의견이 나와도 화를 내는 것이 아니라 존중하고 경청하는 '소통의 문화'를 조직에 정착시킬 필요가 있다. 이러한 자유로운 소통 문화가 조직 내에 정착되면 구성원들은 갈등 상황을 만들기 싫어서 자기 생각이나 의견을 꾹꾹 누르며 괜한 스트레스를 받지 않아도 된다. 또 자신의 의견을 귀 기울여 들어주는 구성원들을 보며 조직에서 자신의 존재감을 느끼고, 더 잘하고 열심히 하려는 의욕을 키우게 된다.

이렇듯 소통이 원활한 조직에서는 화를 낼 일도 별로 없다. 조직 구성원들의 화를 부르는 큰 원인 중 하나가 '불통'이다. 내 마음을 상대가 몰라주거나, 내가 한 말의 의미를 잘못 이해하거나, 상대의 마음이나 생각이 내게로 잘 전해지지 않아 오해하고 서운해하며 분노하는 것이다. 불통으로 인한 서운함과 실망감이 화를 부르지 않도록 하려면 자유롭게 생각을 주고받는 '소통의 문화'가 자리 잡아야 한다.

감성의 리더십을 발휘하자

《감성의 리더십》의 저자이자 EQ(emotional quotient)의 창시자인 심리학자 대니얼 골먼(Daniel Goleman)은 "최고의 리더는 다른 사람들의 호응과 공감을 바탕으로 한 감성의 리더십을 발휘하는 인물"이며, "리더가 감성의 리더십을 갖추는 것이 성공적인 조직

운영의 관건"이라고 주장했다. 또한 감성의 리더십을 갖추려면 리더는 사람에게 초점을 맞추고 구성원들의 신뢰를 끌어내기 위해 노력해야 한다고 강조했다.

앞선 사례에서 최 과장의 기획안이 부서장 회의에서 혹평을 받은 것 때문에 팀의 리더인 윤 팀장은 화가 났다. 그러나 최 과장에게 화를 내기는커녕 오히려 공감과 이해를 표현하고 도움을 주지 못했던 것에 대해 미안해했다. 윤 팀장의 이러한 감성 리더십 덕분에 최 과장은 팀을 위해, 회사를 위해 더욱 최선을 다해야겠다는 생각을 자발적으로 하게 되었다.

만약 윤 팀장이 그간 이러저러한 조직 내 환경 변화로 인해 최 과장이 힘들었던 것에 대한 공감과 이해 없이 일방적으로 화를 내며 최 과장을 몰아붙였다면 어떻게 됐을까? 그는 직원에 대한 이해 능력이 전혀 없는 이기적이고 차가운 리더로 전락하고 말았을 것이다. 그리고 최 과장은 윤 팀장이 자신이 처한 상황은 전혀 고려하지 않고 너무 과도한 업무를 부여한 것과 그 결과가 좋지 않다고 해서 일방적으로 자신을 비난하며 화를 낸 데 크게 실망하고 마음을 많이 다쳤을 것이다.

관계의 바탕에 탄탄한 믿음과 신뢰를 구축하기 위해서는 무엇보다 서로에 대해 이해하고 공감하는 '감성'이 중요하다. 어느 한쪽의 일방적인 지시나 지적이 아닌 마음을 열고 서로를 진심으로 이해하고 공감하며, 배려할 수 있어야 한다. 이를 위해서 필요한 것이 바로 '감성'이며, 특히 리더의 '감성' 능력은 구성원과의 관계는 물론이고 조직 전체의 분위기를 좌우하는 중요한 요소로 작용한다.

호통 대신 따뜻한 우유를 건넨 감성의 리더

불굴의 영국 탐험가 어니스트 헨리 섀클턴(Ernest Henry Shackleton)은 1915년 10월, 팀원들과 함께 남극의 유빙에 갇혀 배를 버려야 하는 위기에 처했다. 구조될 가능성이 희박한 상황이라 불안과 공포가 엄습했지만 리더인 섀클턴은 대원들의 감정부터 다독였다.

유빙 위에서 맞은 첫 아침에 그는 가장 먼저 일어나 팀원들을 위해 따뜻한 차를 준비했고 일일이 따라주며 상대가 흥미로워하는 소재를 골라 담소를 나누었다.

섀클턴은 팀원들을 다독이고 격려하며 매일 얼음 위를 걸어 500여 km를 행군했고, 유빙을 벗어난 곳에서는 작은 구명정을 타고 바다 위를 떠다녔다. 이 과정에서 패닉에 빠진 팀원 한 명이 구명정의 노 젓기를 멈췄지만 섀클턴은 노를 계속 저으라고 소리를 지르거나 화를 내지 않았다. 대신 구명정을 멈춘 후 우유를 따뜻하게 끓여 팀원 모두와 나눠 마시며 "우리는 지금 모두 지쳤다. 그러나 다시 힘을 내보자"라며 팀원들의 감정에 공감하고 격려의 말로 다독였다.

죽음의 공포 앞에서 팀원들의 마음에 온전히 공감하고 그들을 진심으로 위로하고 다독였던 섀클턴의 탁월한 리더십 덕분에 팀원들은 진정으로 그를 믿고 따랐으며, 그 결과 스물일곱 명 전원이 무사 귀환함으로써 극지 개척 역사에 다시 없을 전원 구조의 신화를 써냈다.

잘나가는 그들은 어떻게 분노를 관리할까?

"화낼 줄 모르는 사람은 어리석은 사람이다. 그러나 화낼 줄 알면서도 참는 사람은 현명한 사람이다"라는 영국 속담이 있다. 리더로서 조직을 이끌어가다 보면 필연적으로 화를 꼭 내야 하는 상황이 있다. 이때 훌륭한 리더는 막무가내식의 분노 표출이 아니라 올바르고 지혜롭게 화를 내어 상황을 더 나은 방향으로 이끌어간다. 이처럼 올바른 분노의 표현은 약으로 쓰일 때가 많지만 더러는 화를 내도 아무런 소용이 없는 때도 있다. 이런 경우 리더는 끓어오르는 화를 슬기롭게 다스리고, 오히려 따뜻한 조언이나 위로로 조직원을 품어줄 필요가 있다. 리더의 큰 그릇을 보여줌으로써 구성원들이 스스로 따르도록 이끄는 것 역시 리더의 훌륭한 자질 중 하나이다.

현대그룹의 창시자인 정주영 회장이 사업을 하던 초창기에 있었던 일이다. 하루는 직원들의 실수로 한밤중에 정비공장에 불이 났다. 겨우겨우 불은 껐지만 이미 공장이 몽땅 타버린 후였다. 직원들은 하얗게 굳은 얼굴로 정주영 회장의 불호령을 기다렸다. 그런데 정주영 회장은 화를 내는 대신 재치 있는 유머로 오히려 직원들의 긴장된 마음을 풀어주었다.

"잘됐군. 그렇지 않아도 공장을 헐고 다시 지으려 했는데, 여러분 덕분에 철거 비용을 아끼게 됐어! 하하!"

불같이 화를 낼 것이라 생각했던 리더가 따뜻한 유머로 자신들을 위로하니 직원들의 얼굴에 다시 생기가 돌았다. 이날의 사건은 직원들이 정주영 회장을 단지 고용주가 아닌 진정한 리더로 생각하며 따르게 하는 좋은 계기가 되어주었다.

날카로운 분노를 부드러운 유머로 승화

영국의 정치가이자 작가인 윈스턴 처칠은 평소 세 가지 원칙을 정해두고 반드시 지켰다고 한다. '무슨 일이 있어도 하루 다섯 시간은 책을 읽는다', '건강을 위해 하루 두 시간은 운동을 꼭 한다', '아무리 화가 나도 유머를 잃지 않는다'가 바로 그것이다.

분노를 유머로 승화시킨 처칠의 일화는 이 시대 리더에게 화내지 않고 이기는 법을 가르쳐준다. 1900년, 윈스턴 처칠이 하원 의원으로 처음 출마했을 때의 일이다. 그는 일일이 한 집 한 집을 찾아다니며 자신을 찍어달라고 부탁했는데, 한번은 집주인이 처칠에게 "당신을 찍어달라고? 차라리 악마에게 표를 던지겠소!"라고 말했다. 그 광경을 보고 있던 사람들이 안절부절못하며 처칠의 눈치를 살폈는데, 정작 처칠은 태연한 얼굴로 "압니다. 그렇지만 혹시 당신의 친구분이 출마하지 않는다면 제가 표를 기대해도 되겠습니까?"라고 말했다.

나와 뜻이 다른 사람, 심지어 나를 공격하며 깎아내리려는 사람이라 할지라도 직접 화를 내기보다 유머로 응수할 때 더 세기가 강할 수 있다. 처칠 역시 자신을 악마보다 못한 사람으로 표현하는 시민에게 화를 내기보다는 오히려 넓은 도량으로 품어주었다.

언젠가 한번은 이런 일도 있었다. 영국 최초로 여성 의원이 된 낸시 애스터(Nancy Aster)는 처칠과 정치적 견해 차이로 사사건건 부딪치는 앙숙이었다. 하루는 화가 난 애스터가 처칠에게 "내가 당신의 아내라면 망설이지 않고 당신이 마실 커피에 독을 타겠다"

라고 말했다. 이에 처칠은 태연하게 웃으며 "내가 당신의 남편이라면 망설이지 않고 그 커피를 마시겠다"라고 말하여 오히려 에스터를 무안하게 만들었다. 이 상황을 지켜보던 모든 이가 처칠의 재치와 유머 그리고 넓은 도량에 고개를 끄덕였다.

상대가 예상치 못한 공격을 가하면, 특히 노골적으로 인신공격을 하며 나를 모욕하면 분노가 치밀어 오르기 마련이다. 이런 격렬한 분노의 순간에도 유머를 잃지 않으려면 단순히 재치만으로는 부족하다. 처칠처럼 평소 '아무리 화가 나도 유머를 잃지 않는다'와 같은 삶의 철학을 세워두고 이를 지키려 노력할 때라야 가능한 일이다.

미국의 제16대 대통령인 에이브러햄 링컨(Abraham Lincoln)은 유머가 넘치고 재치 있는 리더였다. 링컨이 스티븐 더글러스(Stephen Douglas) 후보와 상원의원 선거에서 겨루게 되었을 때의 일이다. 진심이 담긴 훌륭한 연설로 유권자들의 마음을 사로잡는 링컨에게 질투가 난 더글러스 후보는 링컨의 이미지에 흠집을 내기 위해 "링컨은 말만 그럴듯하게 할 줄 아는, 두 얼굴을 가진 이중인격자이다!"라며 노골적으로 공격을 했다. 이에 링컨은 "제가 진짜 두 얼굴의 사나이라면 왜 오늘같이 중요한 날, 하필이면 이런 못생긴 얼굴을 가지고 나왔겠습니까?"라며 여유롭게 웃었다.

링컨도 사람인지라 대중 앞에서 자신을 모욕하는 경쟁자의 비열한 공격에 화가 나지 않았을 리 없다. 그러나 기분이 나쁘다고 해서 화를 낸다면 경쟁자의 의도에 휘말려 스스로 표를 내려놓는 꼴이 된다. 게다가 자신을 지지하는 사람들에게 큰 실망을 안겨주게 되니 더더욱 화를 내서는 안 될 일이었다. 그는 '위대한 사람은 사소한 일에 분노하지 않는다'라던 평소 자신의 소신에 따라 끓어오르는 분노를 부드러운 유머로 바꾸었고, '나'가 아닌 '우리'를 먼저 생각했다.

요즘은 어디서든 유머가 풍부한 사람이 인기가 많다. 특히 유머는 긴장을 완화해 사람들 사이의 분위기를 편안하게 해주고 마음에 여유를 주기에 리더가 갖추어야 할 중요한 자질 중 하나로 꼽힌다. 조직을 이끌고 경쟁자들과 협상을 하면서 진지하고 단호한 모습을 보여야 할 순간도 있겠지만 앞선 처칠과 링컨의 사례처럼 밝고 유쾌한 유머로 힘을 발휘해야 할 때도 있다.

2016년 미국 ABC뉴스에서 설문조사를 한 결과, 응답자의 74%가 "대통령에게 유머감각이 중요하다"라고 답했다. 또 세계 1위의 헤드헌팅그룹인 미국의 '로버트해프인터내셔널(Robert Half International)'이 근로자 500명을 대상으로 설문조사를 한 결과, 응답자의 97%가 '탁월한 전문성을 갖춘 리더보다 직원들에게 웃음을 주는 유머감각 뛰어난 리더를 좋아한다'라고 대답했다.

평소 풍부한 유머로 조직의 분위기를 밝게 해주는 것도 중요하지만 더욱 필요한 것은 자칫 화가 날 수도 있는 심각한 상황에서조차 감정을 조절하며 유머를 구사하는 리더의 지혜와 넓은 마음이다. 화가 나는 상황에서 화를 내고 직원들을 몰아세우는 것은 누구나 할 수 있다. 그런데 화내는 것이 득이 되지 않는다고 판단되면 자신의 화를 가라앉히고 오히려 직원들을 품어줌으로써 조직의 더 큰 발전과 성공을 기대할 수 있다.

잘나가는 리더는 마음부터 가꾼다

최고의 경영사상가이자 작가인 짐 콜린스(Jim Collins)는 그의 저서 《좋은 기업을 넘어 위대한 기업으로》에서 "회사를 비약적으로 성장시킨 경영인은 잘했을 때는 창문 너머 밖을 보고, 실패했을 때는 거울을 본다"라고 했다. 일이 순탄하게 잘 진행되고 성공을 거두었을 때는 창문 너머를 바라보며 크고 넓은 시각으로 성공요인을 찾고, 일이 잘 풀리지 않거나 실패했을 때는 거울을 보며 자기 자신으로부터 원인을 찾고 반성을 한다는 의미이다.

일본의 가전업체인 마쓰시타전기산업(주)의 창업자이자 일본에서 '경영의 신(神)'으로 추앙받는 기업인 마쓰시타 고노스케(松下幸之助) 회장은 실패의 원인을 남이 아닌 나로부터 찾으며 솔직하게 반성했던 대표적인 리더이다. 그는 평소 "결과가 좋았을 때는 운이 좋았다고 생각하고, 일이 잘 풀리지 않았을 때는 나에게 부족한 점이 무엇인지 반성하라"고 말하며, 그 자신도 이러한 철학을 적극적으로 실천했다.

"사람들은 일이 잘못되면 해와 달과 별을 탓한다."

윌리엄 셰익스피어(William Shakespeare)의 희곡 《리어왕》에 나오는 대사로, 많은 사람이 일이 잘못되거나 바라던 결과가 나오지 않으면 운이 나빴다거나 남 탓을 하며 내가 아닌 외부에서 그 원인을 찾으려고 함을 빗댄 표현이다. 반면 일이 잘못되면 내 탓을 하며 자기 자신에게서 패인을 찾으려고 애쓰는 사람도 있는데, 이들은 이러한 마음 수양을 통해 자신의 성장과 발전을 이끄는 것은 물론이고 조직을 더 나은 방향으로 발전시켜나가기도 한다.

링컨 역시 분노를 유머로 승화할 만큼 그릇이 컸지만 이러한 도량은 자신을 갈고닦는 꾸준한 마음의 수양이 있었기에 가능한 일이었다. 링컨은 평소 화가 나면 상대에게 자신의 감정을 담은 분노의 편지를 썼다. 링컨이 죽은 후 그의 서류함에서는 남북

전쟁 당시 연합군의 지휘관이었던 조지 고든 미드(George Gordon Meade) 장군에게 보낸 편지도 발견되었다. 자신의 지시를 따르지 않아 남북전쟁을 끝낼 수 있었던 절호의 기회를 날려버린 데 대해 링컨은 분노의 편지를 썼다. 하지만 끝내 부치지는 않았다. 분노를 상대에게 전한들 결과가 달라질 수 없는 데다, 상대에게도 그런 선택을 할 만한 사정이 있었을지도 모른다며 이해한 것이다.

오히려 링컨은 미드 장군에게 '잘했다'는 내용의 편지를 썼고, 그것을 부쳤다. 분노의 감정을 다스리지 못해 편지에 비난을 쏟아붓는 것이 아닌, 칭찬하고 격려하는 편지를 써서 보낸 것이다. 게다가 그 편지에는 "만약 전쟁에서 패하면 그것은 전적으로 대통령인 나의 잘못이다"라는 내용도 쓰여 있었다. 되돌릴 수 없는 일에 대해 상대를 비난하기보다는 자기 자신에 대한 반성을 먼저 함으로써, 리더로서 일의 결과를 책임짐으로써 변화와 발전의 첫걸음을 리더인 자신부터 떼려 한 것이다.

"내 탓이오!"라는 리더의 반성은 반성 그 자체로도 의미 있지만 리더로서 구성원에게 모범을 보이는 의미도 크다. 누가 잘했고 잘못했는지를 떠나 좋지 않은 결과가 발생했을 때 서로를 원망하며 화를 내는 대신, 모두가 '나'로부터 원인을 찾고 반성하고 변화의 노력을 기울인다면 분명 다음에는 더 나은 결과가 나올 것이기 때문이다. 리더는 지시를 통해 구성원을 이끌어가기도 하지만 좌절이나 실패와 같은 위기의 순간에도 먼저 모범을 보임으로써 구성원이 자발적으로 자신을 따르도록 하는 지혜를 발휘할 필요가 있다.

'진심'을 담은 지혜로운 분노는 약으로 쓰인다

"리더가 사사로운 감정으로 구성원들에게 화를 내는 것은 바람직하지 않다. 그러나 리더로서 공적인 입장에서 옳지 않은 것, 도저히 용서할 수 없는 것에 대해서는 큰 분노를 지녀야 한다. 그래야지만 강한 경영을 할 수 있다."

마쓰시타 고노스케 회장의 말이다. 리더라고 해서 무조건 화를 다스리고 절제해야 하는 것은 아니다. 득이 되지 않고 오히려 해가 되는 사사로운 화는 최대한 억누르고, 모두에게 득이 되는 공적인 화는 밖으로 표현하되, 반드시 '진심'을 담아 지혜롭게 전해야 한다.

영국의 한 연구팀은 '발전을 위해 화를 내는 것'은 업무환경을 개선하고 성과와 효율을 높인다는 연구 결과를 발표했다. 탁월한 성과를 창출하는 뛰어난 리더는 '화'를 긍정적으로 활용할 줄 안다. 그들은 구성원이 내딛는 걸음의 방향과 속도가 공동의 목표와 어긋날 때는 화를 활용해 지적과 격려의 메시지를 전했다.

마쓰시타 역시 분노를 지혜롭게 활용해 직원들을 한 방향으로 속도감 있게 이끄는 데 성공했다. 일에서만큼은 완벽함을 추구하는 마쓰시타는 직원들이 일을 추진하는 과정이나 결과가 만족스럽지 못하면 호랑이처럼 화를 냈다. 물론 진심을 담은 명확한 메시지로 리더가 바라는 바를 정확하게 전했으며, 그 덕분에 훨씬 더 나은 성과를 낼 수 있었다.

일본 산요전기(三洋電機)의 부사장이었던 고토 세이치(後藤 淸一)는 마쓰시타전기에서 공장장으로 일하던 때에 큰 실수를 저지른 적이 있다. 당시 그는 불벼락보다 더한 마쓰시타 고노스케 회장의 호통에 놀라 그 자리에서 기절까지 했다. 그가 깨어나자 마쓰시타 회장은 직원들을 시켜 집까지 안전하게 데려다주게 하고, 고토 세이치의 가족에게도 그를 세심히 보살필 것을 당부했다. 그리고 다음 날 아침 일찍부터 직접 전화를 해 안부를 묻고 따뜻한 격려의 말을 건넸다. 이처럼 마쓰시타 회장은 직원의 잘못에 대해서는 호되게 혼을 내어 올바르게 이끌되, 그들과의 관계에서만큼은 늘 따뜻함을 유지하는 지혜로운 리더였다.

이날의 일에 대해 고토 세이치는 그의 저서《호된 꾸지람의 기록(叱り叱られの記)》에서 마쓰시타 고노스케 회장의 꾸지람을 듣고 나면 늘 그렇듯이 기분이 맑고 개운해진다며, 이는 꾸지람에 대한 이유가 명확하기 때문이라고 했다. 그는 마쓰시타 회장이 자신의 기분에 따라 사사로이 화를 낸 적이 단 한 번도 없었으며, 최고 리더로서 기업을 올바른 방향으로 이끌기 위해 필요하다면 약이 되는 분노를 적극적으로 활용했다고 회상한다.

일본 최고의 경영컨설턴트인 고미야 가즈요시(小宮 一慶)는 그의 저서《똑똑하게 화내는 기술(一流の人は本氣で怒る)》에서 사람 좋은 리더가 회사를 망친다고 말한다. 더불어 그가 실제로 만나본 성공한 리더의 공통점은 '진심으로 화를 낼 줄 안다는 것'이라고 했다. 즉, 조직의 발전을 위해 무섭게 화를 내되, 그 안에 '진심'을 담는 리더가 조직을 성공으로 이끄는 것은 물론이고 리더로서도 성공을 거둘 수 있다는 것이다.

분노의 화신으로 알려진 스티브 잡스 역시 필요에 따라 직원들에게 불같이 화를 냈지만 이는 사사로운 감정이나 사리사욕을 위한 분노가 아닌 완벽한 제품을 만들기 위한 공적인 분노였다. 게다가 스티브 잡스는 평소 직원의 노력과 능력을 인정해주고 따뜻하게 격려하며 어루만져주는 데도 능했다고 한다. 그는 형편없는 것은 '형편없다'고 가차 없이 말했지만, 그 안에는 질책이나 비난이 아닌 더 나은 것을 개발하기를 기대하고 기다리는 리더로서의 진심이 담겨 있었다.

Chapter 4.

분노는 관리하는 감정이다

우선, 두 가지 질문에 대답하자

홍 팀장은 목까지 차오르는 화를 누르며 김 과장을 쏘아보았다. 며칠 전에 있었던 고객사와의 중요한 협상 자리에 김 과장을 내보내는 게 아니었다. 김 과장은 업무와 관련된 전문지식이나 처리능력은 괜찮은 편이지만 사람들과 소통하며 원활하게 협상하는 데는 젬병이다. 하필이면 팀원들 모두가 더 중요한 일정이 있는 데다 본인은 해외 출장이 잡혀 있어서 할 수 없이 김 과장을 내보낸 터였다.

"김 과장, 제발 부드러운 표정으로 편안하게 미팅을 이끌어가게. 거래처 사람들이 다들 자네를 불편하게 생각해"라며 신신당부를 했건만 김 과장은 타고난 성격 그대로 까칠한 표정과 무뚝뚝한 말투로 미팅을 진행했고, 결국 협상은 결렬되고 말았다. 혹시나 했던 기대가 산산이 부서지니 출장에서 돌아온 홍 팀장은 김 과장을 향해 끓어오르는 분노를 주체할 길이 없어 저도 모르게 주먹을 움켜쥐었다.

"후우… 후우… 후우…"

홍 팀장은 의식적으로 긴 심호흡을 하며 천천히 숫자를 세기 시작했었다. 하나, 둘, 셋…. 그렇게 15초를 버티고 나니 꽉 움켜쥐었던 주먹이 스르르 풀리고 호흡이 다시 차분해졌다. 고객사와의 협상은 이미 엎질러진 물이고 오랜 세월 동안 천성처럼 굳어진 김 과장의 까칠한 성격이 리더가 화를 낸다고 해서 고쳐질 리도 없었다. 홍 팀장은 김 과장에게 화를 내어 괜히 팀 분위기를 망치고 팀원들의 의욕을 꺾기보단 혼자 조용히 화를 다스리는 편을 선택했다.

분노에도 '시간'이 약이다

구성원에게 존경받고 탁월한 성과를 창출하는 리더는 화가 치솟아 오를 때 숫자를 세거나 심호흡을 하거나 스스로에게 질문을 던지는 등 자신만의 방식으로 화를 달래고 조절하려 노력한다.

"조금 화가 나면 말이나 행동을 하기 전에 열을 세라. 몹시 화가 났을 때는 백을 세라. 화가 날 때마다 이 사실을 떠올리면 숫자를 셀 필요조차 없어진다."

톨스토이(Lev Nikolayevich Tolstoy)는 화가 나면 화를 표출하기 전에 숫자를 세면서 잠시라도 시간을 끌라고 했다. 화가 난다고 해서 그것을 날것 그대로 표출했다가는 자칫 더 큰 화(禍)를 부를 수 있기에 숫자를 세면서 화의 기운을 조금이라도 수그러뜨리라는 것이다.

미국에서 가장 영향력 있는 인생 코치로 꼽히는 강연가 토머스 크럼(Thomas Crum)은 그의 저서 《세 번의 심호흡》에서 화가 치밀어 오를 때 '세 번의 심호흡'을 하면 화를 가라앉히는 데 큰 도움을 받을 수 있다고 했다.

"화가 치밀고 당황하는 바로 그 순간에도 첫 번째 호흡은 우리의 몸과 마음을 차분하게 진정시킨다. 두 번째 호흡은 자신감을 심어주고 마음의 평안을 되찾아준다. 세 번째 호흡은 삶에 감사하는 마음을 갖게 하고 우리 자신과 영혼을 결합해준다."

세 번의 호흡만으로 이렇게 큰 심리적 변화를 이루기란 쉽지 않을 테다. 하지만 최소한 마음속에 뜨겁게 끓어오르던 분노의 불길이 조금이나마 수그러들 가능성은 있다.

분노처럼 격렬하고 공격적인 감정은 브레이크를 잡지 않으면 가히 상상할 수 없을 정도의 엄청난 파괴력을 보일 수 있다. 나와 다를 바 없어 보였던 이웃이 순간적인 화를 참지 못해 불을 지르고 사람을 죽이는 일은 더 이상 놀라운 뉴스가 아니다. 잠시 분노와 떨어지는 것만으로도 그 안에 담긴 파괴력을 어느 정도는 누그러뜨릴 수 있다. 숫자를 세든, 심호흡을 하든 잠깐 시간을 가짐으로써 우리 의식을 분노의 대상으로부터 최대한 멀리 떼어놓아야 한다. 그래야지만 위험수위까지 차올랐던 분노의 감정이 조금은 안정권으로 향하게 된다.

분노는 무조건 발산하거나 참기보다는 적절한 수준으로 조절해야 하는 감정이다. 그래야만 분노를 표출하는 사람이나 받는 사람 모두 스트레스를 최소화할 수 있다. 주체할 수 없을 정도로 화가 끓어오를 때 그것을 완전히 가라앉히고 참기란 쉬운 일이 아니다. 하지만 단 세 번의 심호흡, 또는 얼마간의 짧은 시간을 가진 뒤 화를 내는 것은 그리 어려운 일이 아니다.

화가 나면 대부분은 '씩씩'대며 얕고 빠른 호흡을 한다. 이는 긴장감이 고조된 상태, 즉 긴급한 상황일 때 나타나는 호흡법이다. 반면 '심호흡', 즉 폐 속에 공기가 많이 드나들도록 숨을 깊고

길게 들이쉬고 내쉬는 호흡은 마음의 긴장이 완화된, 아주 편안한 상태에서 나타나는 호흡법이다. 이렇게 의식적으로 호흡법만 바꿔도 우리 뇌가 분노라는 초긴장의 긴박한 상황을 편안하고 안정적인 상황으로 착각하게 만드는 효과가 있다.

한편, 숫자 세기는 분노를 유발한 자극과 분노의 표출이라는 반응 사이에 시간을 두는 방법이다. 화가 머리끝까지 나서 돌멩이를 집어 들지만 얼마간 그것을 쥐고 시간을 보내다 보면 화가 조금씩 가라앉는다. 모든 게 부질없다는 생각이 들기도 하고, 막상 돌멩이를 던졌을 때 더 큰 일이 벌어질지도 모른다는 염려가 들기도 하고, 심지어 이렇게까지 화낼 만한 일은 아닌 듯하다며 상대나 상황이 조금씩 이해되기도 한다.

숫자 세기나 심호흡 이외에도 심리학자들은 분노가 끓어오르면 그 장소에서 잠시 벗어날 것을 권하기도 한다. 인간의 의식은 시각적인 자극에도 큰 영향을 받기 때문에 분노의 대상과 분노의 사건이 일어난 장소가 눈앞에 훤히 보이면 분노의 감정도 그대로 유지될 가능성이 크다. 그렇기에 최대한 신속하게 그 장소를 벗어나 내 안의 분노를 다독여줘야 한다. 분노가 유발된 장소를 벗어나면 분노의 대상과 상황을 좀 더 객관적으로 볼 수 있다.

점심 식사 후 사무실로 복귀하던 조 팀장은 우연히 같은 팀에서 일하는 최 대리가 다른 팀 직원에게 리더인 자신의 험담을 하는 장면을 목격했다. 조 팀장은 순간 화가 치밀어 올랐다. 완전히 꾸며낸 모함이 아니라고 해도 누군가 나의 험담을 하고 있다는 건 기분 나쁘고 화가 치미는 일이었다.

"저걸 그냥!"

당장 달려가 불같이 화를 내고 싶었지만 차마 그럴 순 없었다. 없는 데서는 나라님도 욕한다는데 뒤에서 리더 험담을 하는 정도는 직장인에게 당연한 일이었기에, 대놓고 화를 내기 모호했다. 그럼에도 그들의 모습을 계속 보고 있다가는 분노가 더 끓어오르고, 이성적으로 제어가 힘들어질 것 같아 조 팀장은 얼른 발길을 돌려 회사를 빠져나갔다. 그러곤 회사 앞 계단에 걸터앉아 호흡을 고르며 차분히 생각에 잠겼다.

'그게 그렇게 화낼 일이야?'

'직원들이야 원래 다 뒤에서 리더를 욕하면서 스트레스 풀지 않나? 나도 그랬잖아.'

'사실 최 대리 말이 완전히 틀린 것은 아니잖아. 최 대리 입장에서는 내 그런 태도가 서운했을 수도 있지.'

이런저런 생각이 차분히 머릿속을 지나가면서 가쁘게 뛰던 숨이 골라지고 바짝 치솟았던 눈꼬리가 다시 내려오기 시작했다.

"어휴! 조 팀장아, 네가 대리 시절엔 더했어! 그냥 못 들은 걸로 해."

최 대리에 대한 분노를 위험수위 아래로 떨어뜨린 조 팀장은 다시 회사 건물로 들어가 뚜벅뚜벅 사무실로 향했다. 생각처럼 없던 일이 되거나 못 들은 이야기가 되지는 않겠지만 적어도 최 대리를 향한 무차별적인 분노 폭격은 막을 수 있어서 다행이란 생각이 들었다.

이렇듯 성숙한 리더는 분노하되 잠시 숫자를 세든 심호흡을 하든 분노의 장소를 벗어나든, 어떤 방법으로든 자신의 분노를 표출하기 전에 잠깐 멈춤으로써 완충작용을 할 수 있는 마음의 쿠션을 만든다. 그것이 결국엔 나에게, 모두에게 득이 된다는 것을 잘 알기 때문이다.

딱 두 가지만 물어라

전문가들은 '화를 내는 것은 독물을 조금씩 조금씩 마시고 있는 것과 다를 바 없다'라고들 이야기한다. 그래서 잦은 분노, 그리고 끓어오르는 분노를 날것 그대로 분출하면 건강을 해칠 위험이 크다고 경고한다.

학자들은 다양한 연구를 통해 우리가 분노의 감정을 느끼면 심박수와 혈압이 증가한다는 사실을 밝혀냈고, 분노와 그에 따른 공격적 행동에 대한 반응으로 대표적인 남성호르몬인 테스토스테론(testosterone)이 증가하고, 스트레스에 대항력을 키워주는 긍정적인 호르몬인 코르티솔(cortisol)이 감소한다는 사실 또한 밝혀냈다.

그뿐 아니다. 화를 자주, 격렬하게 내는 사람은 그렇지 않은 사람에 비해 더 빨리 늙는다는 연구 결과도 있다. 분노는 질병과 노화의 원인으로 여겨지는 활성 산소(Active Oxygen : Free Radical)를 더 많이 생성시켜, 질병을 발생시키고 노화의 속도를 앞당긴다. 화를 더 자주, 격렬하게 낼수록 피부 탄력이 떨어지고 주름이 자글자글해지며 잡티가 늘어난다.

이처럼 분노는 내 몸과 마음의 건강에 치명적인 악영향을 미치며, 상대와의 관계도 악화시키는 위험한 감정이기에 잘 다스리고 조절할 필요가 있다. 전문가들은 분노의 격렬함을 잠재우는 데단 15초면 충분하다고 말한다. 즉, 아무리 화가 나도 15초만 참으면 어느 정도는 해소된다는 것이다. 물론 3초 혹은 10초도 괜찮다. 시간이 얼마든 분노를 내가 통제할 수 있는 수준으로 감소시키는 것이 중요하다.

치밀어 오르는 분노의 감정을 잠시 사그라들게 할 수 있다면 시간은 크게 중요하지 않다. 대신 그 시간 동안은 나를 분노하게 했던 그 일을 생각하면 안 된다. 아무런 생각을 떠올리지 않고 머릿속을 하얗게 비우는 것이 좋다. 아니면 화를 가라앉힐 이성적인 질문을 자신에게 던지는 것도 좋다.

나는 강의와 코칭을 진행하면서 만난 많은 리더들에게 화가 치밀어 오르면 우선 두 가지 질문을 자신에게 던져보라고 주문한다.

"저 사람(상황)에게 화를 내는 것이 내 건강보다 중요한가?"

"나의 화가 저 사람(상황)을 바꿀 수 있는가?"

회사와 같은 조직의 리더들은 하루에도 몇 번씩 화낼 일을 맞닥뜨린다. 그럴 때마다 크게 소리를 지르며 화를 내지만 개운하기는커녕 화가 더 치밀어 오르기도 하고, 화가 다소 가라앉더라도 화를 내기 전보다 더 불편한 감정을 느낄 때가 많다. 의기소침해진 직원들의 표정도 마음에 걸리고, 무겁게 가라앉은 팀 분위기도 여간 신경 쓰이는 게 아니다. 그렇다고 해서 치밀어 오르는 화를 꾹꾹 누르며 참고만 있을 수도 없는 일이다. 그래서 화가 나면 우선 앞서 말한 두 가지 질문을 자신에게 던진 후에 "그렇다"는 답을 얻으면 화를 내되, 건강하고 지혜로운 방법으로 표현하도록 노력하면 된다.

강의에서 이러한 방법을 제안하고 직접 훈련해보면 의외로 이 두 가지 질문에 "아니다"라고 답하는 사람이 많다. 즉, 조직에서 발생하는 화 중에는 그것의 발산이 내 건강보다 중요하고, 그로써 저 사람(상황)을 바꿀 수 있는 경우가 그다지 많지 않다는 것이다.

"내가 지금 김 과장에게 화를 내는 것이 내 몸과 마음의 건강을 지키는 것보다 중요한 일일까?"

"내가 화를 낸다고 해서 김 과장의 타고난 성격을 바꿀 수 있을까? 시간을 어제로 되돌려 협상 결과를 바꿀 수 있을까?"

앞선 사례의 홍 팀장 역시 15초의 시간 동안 자신에게 이와 같은 두 가지 질문을 하면 화를 누그러뜨리는 데 큰 도움을 받을 수 있다. 질문 끝에서 홍 팀장은 '아니, 나는 화를 내는 것보다 내 건강을 지키는 것이 더 중요해. 게다가 내가 김 과장의 태도를 지적하며 화를 내면 김 과장은 마지못해 알겠다고 대답하겠지만 크게 달라질 건 없어. 김 과장은 자신의 타고난 성격을 두고 화를 내는 나를 오히려 괴팍한 리더라고 욕할지도 몰라'라는 답을 얻게 될 것이다. 이로써 홍 팀장은 김 과장 향한 분노가 부질없음을 느끼며, 끓어오르던 분노의 온도가 떨어지면서 평상심을 되찾게 될 것이다.

되돌릴 수 없고, 바꿀 수 없는 일에는 막무가내로 화를 내기보다는 이성적으로 더 나은 방안을 찾아 실행하는 편이 낫다. 홍 팀장은 김 과장을 팀 내에서 내근직으로만 근무하게 하든지 다른 팀으로 이동시키든지 더 나은 방안을 찾아 문제를 해결할 수 있다. 분노를 날것 그대로 표출하면 문제는 전혀 해결되지 않고 상황만 더 무거워진다. 하지만 분노와 잠시 거리를 두고 생각할 시간을 갖고 나 자신에게 적절한 질문을 던짐으로써 아주 조금 혹은 그 이상으로 도움이 되는 해결방안을 찾을 수 있다.

화가 날 때마다 분노일기를 적어라

화가 치밀어 오를 때 그 감정을 그대로 노트에 메모하거나 분노일기를 쓰면 화를 가라앉히는 데 많은 도움이 된다. 글을 통해 분노의 감정이 조금은 해소되기도 하고, 또 감정을 노트로 옮기는 동안 소요되는 물리적인 시간 덕분에 화의 감정이 다소 가라앉을 수 있다. 그리고 무엇보다 분노의 감정을 나와 조금 떨어뜨려 객관화할 수 있어서 나의 분노가 정당한지도 스스로 생각해볼 수 있다.

이렇게 맘껏 털어낸 나의 분노를 다음 날 다시 읽으며 '이건 아무래도 너무 과한 표현 같은데?', '이 정도 일에 내가 그렇게나 화가 났었나?'라며 분노로 들끓었던 어제의 자신을 조금은 반성할 수도 있다.

그래,
그럴 수 있어

"문 과장은 어디 갔어?"

퇴근 시각이 지나 지하철역으로 향하던 신 팀장은 발길을 돌려 사무실로 복귀했다. 사무실에서 팀원 몇 명이 저녁 식사까지 거르며 야근을 하고 있었던 터라 간식이라도 사다 줘야겠다는 생각이 든 것이다. 분식집에서 산 다양한 간식거리와 피로 해소를 위한 비타민 음료를 양손 가득 들고 사무실로 돌아온 신 팀장은 문 과장의 빈 자리를 보며 물었다.

"좀 전에 컴퓨터 정리하시고 급히 나가시던데요?"

"그래? 오늘 늦게까지 야근해야 한다더니 그새 어딜 간 거지?"

그렇게 문 과장을 기다리며 30여 분의 시간을 보내는 동안 신 팀장은 문 과장에 대한 실망감과 분노가 슬슬 치밀어 올랐다. 신 팀장은 문 과장 몫으로 남겨둔 김밥과 떡볶이를 직원들에게 마저 먹으라고 내밀고는 씁쓸한 표정으로 자리에서 일어났다.

다음 날 아침, 신 팀장은 출근하자마자 문 과장을 부르며 보고서를 제출하라고 소리를 질렀다.

"죄송합니다. 그거 오늘 퇴근 때까지 제출하면 된다고 하셔서 아직 마무리를 다하지 못했습니다."

"뭐야! 보고서 마무리도 안 지어놓고 그렇게 집으로 달아나버린 건가? 어제 내가 나가자마자 기다렸다는 듯이 도망을 쳤더군. 그럴 거면 내게 야근한다는 말을 왜 했지? 자네의 가식적인 모습에 정말 실망했네."

신 팀장은 어제의 일을 이야기하며 다시 분노가 치밀어 올라 저도 모르게 목소리를 높였다.

"죄송합니다. 어제 팀장님 퇴근하시고 얼마 안 돼서 저희 아이가 오토바이에 치였다는 전화를 받곤 급히 병원에 가느라…. 정말 죄송합니다."

"이런, 그런 일이 있었군! 죄송하긴 뭐가 죄송해. 오히려 자네 그런 사정도 모르고 화부터 낸 내가 미안하네. 그래서 아이는 좀 어떤가?"

문 과장의 사연을 들은 신 팀장은 언제 그랬냐는 듯이 분노가 가라앉고 미안한 마음이 밀려왔다. 그리고 진작 그에게 이유를 물어보았더라면 괜한 분노로 속을 끓이지 않아도 됐을 거란 후회가 들었다.

이해하면 오해하지 않는다

'인일시지분(忍一時之忿)이면 면백일지우(免百日之憂)'

명심보감에 나오는 이 글귀는 '한때의 화를 참으면 100일의 근심을 면할 수 있다'라는 의미이다. 이 말을 역으로 해석하자면, 한순간의 화를 참지 못해 앞뒤 없이 발산했다가는 자칫 100일의 근심이 따르는 큰 문제를 낳을 수 있다는 의미이기도 하다.

이처럼 분노의 무분별한 발산은 잠깐의 개운함을 줄 수 있을진 몰라도 결국 더 큰 걱정거리를 안겨주기에 대부분은 참고 억누르기를 권한다. 하지만 화를 참기란 무척이나 어려운 데다 큰 고통이 따르기도 한다. 그래서 분노는 그것이 폭발하지 않도록 잘 다스리며 지혜롭게 표현해야 하고, 분노의 감정이 생겨나지 않도록 미리 관리하는 것이 중요하다.

직장 내에서의 분노는 대부분 '틀림'이 아닌 '다름'에서 비롯된다. 누가 절대적으로 옳고 그르다기보다는 서로 생각이나 태도가 다를 수 있고, 상대에게 기대하는 바와 실제 충족되는 바 사이에 차이가 있어서 그 실망감에 화가 나는 경우가 많다. 특히 리더라면 부하직원에게 기대하는 바가 만족스러운 수준으로 충족되지 않을 때 화를 내곤 한다. 예시의 신 팀장 역시 문 과장이 야근까지 하며 열심히 보고서를 만드는 성실한 모습을 기대했다. 하지만 그 기대가 충족되지 않자 문 과장을 향한 분노가 치밀어 오른 것이었다.

화를 내는 목적 역시 상대를 모욕하거나 혼내려는 것이 아니라 상황을 개선하기 위해서이다. 예컨대 수시로 지각을 하는 직원에게 화를 내는 것은 그 직원이 밉거나 싫어서가 아니라 그가 정해진 시간 안에 출근하기를 바라는 마음에서이다. 때문에 지각이라는 행위에 대해 무작정 화를 내기보다는 그가 지각을 함으로써 조직에 어떤 피해가 오는지를 이성적으로 설명하며 앞으로는 정해진 시간 안에 출근하라고 지시하면 된다.

여기서 한 걸음 더 나아가, 분노의 감정을 방지하기 위해서는 그 직원에게 왜 지각을 하는지 그 이유를 물어보고 허심탄회하게 이야기를 나눠보는 것이 좋다. 편찮으신 부모님을 혼자 밤새 간호한다거나, 너무 먼 곳으로 이사를 해서 첫 대중교통을 타고 와도 지각을 할 수밖에 없는 상황 등 전혀 예상하지 못한 답을 들을 수도 있지 않은가.

물론 그렇다고 해서 그에게 출근 시각을 늦춰주는 특혜를 주거나 속 시원한 대안을 제시할 순 없을 테다. 그러나 최소한 그가 게으름을 피우다가 지각을 한다는 오해는 지울 수 있다. 그리고 딱한 상황임에도 편의를 봐줄 수 없음에 오히려 미안해져서 기존의 실망감과 분노가 눈 녹듯이 사라질 것이다.

앞선 사례의 신 팀장 역시 야근을 할 거라고 해놓곤 팀장인 자신이 퇴근하자마자 기다렸다는 듯이 퇴근해버린 문 과장에게 무척이나 화가 났다. 오죽하면 평소 성실했던 문 과장의 모습이 모두 거짓으로 연출된 것 아닌가 생각될 정도였다. 그러나 사연을 직접 들어보니 괜한 오해로 화를 낸 자신이 외려 미안해질 정도로 문 과장에겐 그럴 만한 이유가 있었다.

직장과 같은 조직 내에서, 특히 구성원이 리더를 대할 때 될 대로 되라며 뻔뻔하게 제멋대로 행동하는 경우는 매우 드물다. 오히려 많은 직장인이 자신이 선택한 직장에서 업무적인 능력을 인정받고 리더에게 좋은 평가도 받고 싶어 한다. 물론 마음과는 달리 과정이나 결과에서 리더의 눈에 노력이 부족해 보이거나 불만족스러운 상황이 생길 수도 있다. 이때 리더는 겉으로 보이는 모습만을 보고 무조건 화를 내기보다는 먼저 그 내막을 들여다보는 노력을 할 필요가 있다.

그럼에도 도저히 이해할 수 없는 사연도 있을 수 있다. 이 역시 다름에서 오는 문제이니 '나라면 그러지 않겠지만 당신 입장에선 그럴 수도 있었겠구나'라며 그 사람의 입장이 되어 고개를 끄덕여주면 된다. 즉, '나' 중심의 잣대를 '상대' 중심으로 바꿔서 상황을 해석하고 이해해보는 것이다. 이러한 인간에 대한 이해의 마음을 관계의 바탕에 깔면 조직 내에서 분노할 일이 확연하게 줄어든다.

공감이 바탕이 된 소통을 리드하자

유명한 사상가이자 시인인 랠프 월도 에머슨(Ralph Waldo Emerson)은 "화가 나 있는 1분마다 당신은 60초간의 행복을 잃는다"라고 했다. 분노를 밖으로 표현하고 나면 후련하고 시원할 것 같지만 사실은 별로 그렇지 않다는 것을 우리는 이미 경험으로 알고 있다. 표현할 때는 물론이고 내 안에 품고만 있어도 나의 행복감이 줄어들고 사라질 수 있다.

더군다나 가족이나 친구, 직장 동료처럼 유대감이 깊은 친숙한 관계에서 분노를 표출하면 서로에게 상처가 남고 관계가 악화되는 부작용이 따른다. 그래서 가능한 분노를 표출하지 않으려 억누르고 조절해보기도 하지만 그 스트레스 역시 만만치 않다.

분노를 관리하는 가장 바람직한 방법은 평소 원활한 소통을 통해 서로를 이해하고 공감함으로써 분노의 감정이 덜 생겨나도록 하는 것이다. SNS의 발달로 지역은 물론 언어나 문화, 국가까지 뛰어넘는 광범위한 실시간 소통이 가능해졌다고는 하지만 정작 소통이 필요한 가족과 직장 동료들과는 어떤가. 하루 중 가장 많은 시간을 함께 보내는 그들과는 오히려 소통이 단절되고 있는 듯한 모습이다. 한 공간에 머무는 가족, 바로 옆자리의 동료와 이야기를 할 때도 눈을 쳐다보고 직접 말을 건네는 것이 아니라 스마트폰 문자로 소통을 시도한다. 그러다 보니 진정한 소통의 의미는 사라지고 단순히 나의 말을 전달하는 수준에 머물게 된다.

리더 개인의 분노 관리의 차원을 넘어 리더는 조직 구성원 간의 갈등 관리를 위해서라도 원활한 소통이 이루어지는 조직문화를 이끌 필요가 있다. 이를 위해 수평적 소통이 가능한 문화를 구축하고, 나아가 리더 스스로가 업무적인 고충 등을 편안하게 이야기할 수 있는 유용한 창구가 되어주는 방안도 무척이나 이상적이다.

2019년 11월, 구인구직 매칭플랫폼 사람인은 1,437명의 직장인을 대상으로 '직장인 증후군'에 대해 설문조사를 실시한 결과를 발표했다. 해당 조사에서 직장인들은 충분한 휴식을 취해도 항상 피곤함을 느끼는 '만성피로증후군(56.0%)', 열정적으로 일한 뒤에 급격한 피로감과 무력감이 찾아오는 '번아웃증후군(38.2%)', 현재의 직장에 만족하지 못하고 늘 새로운 이상을 꿈꾸는 '파랑새증후군(34.5%)' 등 다양한 '증후군'의 증세를 호소했다. 그런데 이러한 여러 증후군을 겪는 원인으로 응답자의 25.4%가 '소통 부족'을 꼽았다.

소통은 단순히 나의 이야기를 하고 상대의 이야기를 듣는 것만을 의미하지 않는다. 나의 이야기에 상대가 고개 끄덕이고 상대의 이야기에 내가 고개 끄덕이는 '공감'이 전제되어야지만 진정한 소통이라 할 수 있다. 앞선 사례에서 문 과장이 아이의 갑작스러운 사고 때문에 야근을 하다 말고 병원으로 달려간 것에 대해 신 팀장이 "아무리 그래도 공과 사를 구분해야 한다"라며 질책했더라면 어땠을까? 함께 일하는 부하직원의 고통에 전혀 공감하지 않는 리더의 얼어붙은 가슴에 문 과장은 큰 상처를 받았을 것이다. 그리고 리더인 신 팀장은 물론이고 팀과 회사에까지 거부감이 들고 싫어졌을지도 모를 일이다.

물론 신 팀장이 문 과장의 고충에 대해 공감한다고 해도 회사의 공적인 일정을 변경할 수는 없으니 보고서는 예정된 일정대로 작성해야 할 것이다. 그럼에도 "문 과장이 지금 아이 때문에 경황이 없고 많이 힘들 텐데 내가 도움이 돼주지 못해서 미안하네"라는 공감을 담은 리더의 한마디는 그를 믿고 따르는 부하직원에게 큰 힘이 된다.

'무릇 장수는 자신을 알아주는 군주를 위해 목숨을 바친다'라고 하였다. 나를 알아주고 나의 마음에 공감해주는 리더를 위해 목숨을 내놓지는 못해도 최선을 다해 열심히 일할 수는 있다. 리더는 힘과 권력으로 구성원을 이끄는 것이 아니라 성실과 신뢰, 배려, 솔선수범 등의 여러 훌륭한 자질을 묵묵히 선보임으로써 구성원 스스로 그를 따르도록 해야 한다. 이를 위해 꼭 필요한 것이 리더의 공감능력이다.

리더에겐 현미경이 아닌 망원경이 필요하다

"이 대리, 여기 오타 났잖아. 똑바로 좀 못해?"

"김 대리, 의자 좀 똑바로 앉아. 지나가는 사람들 다 부딪히겠네."

"최 과장, 오늘 거래처 미팅 있다면서 옷 색깔이 그게 뭐야? 옷이 칙칙하니 사람까지 칙칙해 보이잖아."

송 팀장은 출근 후 잠시도 쉴 짬이 없다. 팀원들을 하나하나 살피며 세세히 지적하고 혼내지 않으면 팀이 제대로 돌아가질 않는다.

"김 대리, 내가 의자 똑바로 하라고 했어? 안 했어?"

"최 과장, 자넨 넥타이라도 화사한 색으로 바꿔서 매고 가지?"

어떨 땐 하루에도 몇 번씩 같은 말을 반복할 때도 있다. 한 번에 고쳐지질 않으니 피곤하고 귀찮아도 여러 번 반복해서 지적하는 것이다. 이 모든 것이 팀원들이 훌륭한 인재로 성장해주길 바라는 마음의 표현이고, 그것이 리더의 역할이라 믿기에 송 팀장은 오늘도 성능 좋은 현미경으로 팀을 세세히 살피며 잔소리를 멈추지 않는다.

내가 '잔소리꾼 리더'라고?!

"우리 팀장은 왜 저런대? 날마다 쉬지도 않고 잔소리하고, 혼자 짜증 내고 혼자 화내고. 문서를 만들면서 일일이 오타까지 살피면 흐름이 끊겨져서 난 마지막에 한꺼번에 점검하는 게 편한데, 왜 팀장은 수시로 와서 살피면서 오타에 줄 띄우기, 칸 띄우기까지 지적하며 짜증을 내는지 모르겠다니까."

"그러게. 내가 키가 커서 의자랑 책상이랑 높이가 안 맞으니 의자를 조금 뒤로 빼서 앉는 건데, 그걸로 매번 저렇게 잔소리하고 화를 내니 그때마다 스트레스 때문에 일을 하기가 싫어진다니까."

팀원들을 위해 순수한 의도로 한 훈계이지만 받아들이는 사람이 귀찮은 잔소리로 느낀다면 득보다는 실이다. 아무리 좋은 말도 여러 번 들으면 슬슬 짜증이 올라오는데 리더의 듣기 싫은 잔소리는 오죽할까. 게다가 별로 중요하지도 않은 부분을 지적하고 잔소리한다면 직원의 업무효율과 근로의욕까지 떨어질 수 있다.

팀원들의 이런 마음을 아는지 모르는지 리더는 리더대로 더 열심히 잔소리를 해대느라 힘들고 피곤하다. 지적 한 번으로 문제가 고쳐지지 않으면 두 번, 세 번씩 거듭 이야기를 해야 하니 그때부턴 슬슬 화가 치밀어 오르고 급기야 일순간에 분노가 폭발되기도 한다.

가만히 있으면 별일이 없을 것을, 굳이 하지 않아도 되는 말이나 행동을 해서 매를 자처하는 사람과 마찬가지로 세세한 것에 일일이 간섭하며 잔소리하는 리더 또한 스스로 분노를 부르는 유형이다. 게다가 이러한 리더의 불합리한 분노는 갑질로까지 여겨져 구성원들의 또 다른 분노를 불러일으킬 위험도 크다.

물론 섬세함과 꼼꼼함은 리더십의 필수요건으로 꼽히기도 한다. 그런데 꼼꼼하고 섬세한 것과 쪼잔하고 좀스러운 것은 다르다. 사례 속 송 팀장은 스스로를 꼼꼼하고 섬세한 리더라고 믿고 있다. 그러나 정작 팀원들은 그를 쪼잔하고 좀스러운 잔소리쟁이 리더라고 생각한다. 송 팀장이 자신의 바람대로 팀원들을 훌륭한 인재로 성장시키고 팀이 목표를 달성하기를 바란다면 현미경이 아닌 망원경으로 팀 전체를 살펴야 한다.

물론 조직을 이끌다 보면 리더가 섬세한 부분까지 꼼꼼하게 신경을 써야 할 상황이 생긴다. 예컨대 아주 중요한 프로젝트를 맡았다거나, 발등에 불이 떨어진 급한 사안을 해결해야 한다거나, 구성원들 사이에 큰 갈등의 상황이 발생하는 등 팀원들이 알아서 잘할 것이라며 믿고 지켜보기보다는 직접 개입하여 길을 찾아주는 것이 더 나을 때가 있다. 그러나 이때도 나의 조언이나 지시가 '잔소리'는 아닌지 스스로 점검해볼 필요가 있다. 즉, 모두가 함께 그림을 그리는데, 정작 리더인 나는 그림이 아닌 그것을 담을 액자에 집중하여 쓸데없는 잔소리와 지적을 하는 것이 아닌지 살펴야 한다.

리더에게는 리더다움이 필요하다. 리더가 구성원들을 목적지까지 이끌면서 말단사원처럼 군다면 굳이 그를 리더 자리에 올려둘 이유가 뭐가 있을까. 점포의 사장이 운영에 어려움이 발생하지 않도록 전체적인 방향을 잡아주고 지원해주는 컨트롤타워의 역할을 하지 않고 구석구석 살피며 감시하는 감시카메라의 역할만 한다면 누가 그를 리더로 믿고 따르겠는가. 목적지가 멀수록 리더는 넓은 시야로 전체 흐름을 살피고 방향을 잡아주어야 한다.

그런다고 지구가 멸망하진 않아

영국이 낳은 세계적인 극작가 윌리엄 셰익스피어는 희곡 《헨리 4세》에서 "왕관을 쓰려는 자, 그 무게를 견뎌라"라고 말했다. 번쩍이는 황금 왕관을 쓰려는 사람은 그것이 주는 권한뿐만 아니라 책임도 함께 질 줄 알아야 한다.

리더 역시 보이지 않는 황금 왕관을 쓴 사람이다. 리더는 조직 내에서 선택과 결정의 권한을 가지고 있지만 그에 따른 책임의 무게도 함께 가지고 있다. 따라서 리더는 개인의 사사로운 감정이나 성향을 따르기보다 조직 전체를 위한 결정과 선택을 해야 한다. 그러기 위해 리더는 구성원의 업무를 세세히 살펴 일일이 지적하거나 화를 낼 것이 아니라 공동의 목표 달성을 위한 큰 그림을 그리고 굵은 줄기를 따라가며 업무를 살펴야 한다.

"다 직원들을 위해서 하는 말이죠. 그들에 대한 애정이 없다면 귀찮고 번거롭게 누가 그런 잔소리를 해요?"

강의에서 만난 리더 중에는 스스로를 '잔소리꾼 리더'로 순순히 인정하면서도 잔소리의 바탕에는 직원에 대한 깊은 애정과 관심이 깔려 있다고 항변하는 분들도 있다. 틀린 말은 아니다. 하지만 '다정(多情)도 지나치면 병(病)이 된다'는 말처럼 지나친 잔소리는 애정이나 관심이 아닌 감시와 간섭, 심지어 갑질 폭력으로까지 여겨질 위험이 있다.

아이를 양육하는 부모들끼리는 '사랑한다면 손을 놓아야 한다'라는 말을 하곤 한다. 사랑한다는 이유로 부모가 늘 아이 옆에서 손을 잡아주고 챙겨주다 보면 아이는 스스로 알아서 해야 할 시기가 되어도 홀로 나아가기를 두려워하게 된다. 혈연으로 맺어진, 세상 둘도 없는 애정과 신뢰의 관계에서도 이처럼 상대를 위한 적당한 거리가 필요한데 계약으로 맺어진 사회적 관계에서는 더더욱 적당한 거리를 둘 필요가 있다.

부하직원과의 관계에 적당한 거리를 두라는 것이 그에게 인간적인 애정이나 관심을 두지 말라는 의미는 아니다. 오히려 더 깊은 애정과 신뢰로 그를 믿고 지켜보라는 의미이다. 그리고 필요에 따라 도움이 필요한 일이 생기면 잔소리나 질책이 아닌 조언과 지원의 방식을 택하라는 것이다.

업무 외적인 부분에 대해서는 최대한 잔소리를 자제해야 하고, 정말 눈에 거슬리는 부분이 있다면 잔소리 대신 차라리 스스로 나서서 수정하고 개선하는 모습을 보여주면 된다. 리더의 열 마디 잔소리보다 한 번의 솔선수범이 구성원에게는 더 힘 있는 가르침으로 다가갈 수 있다.

업무적인 부분 또한 틀림이 아닌 다름으로 인해 생긴 문제라면 최대한 말을 자제하는 것이 좋다. 리더라고 해서 나의 업무방식을 부하직원에게 강요할 순 없다. 목적지에 도달하기까지 더 나은 길이 있을는지 몰라도 정답은 없다. 그리고 '더 나은 길' 역시 상대적이다. 사람마다 최선이라고 생각하는 길이 다를진대 하물며 20년 전의 업무방식을 다음 세대에 강요해서는 안 된다. 회사의 규정 위반이 아니라면 부하직원의 업무방식에 잔소리하거나 간섭하는 대신 믿고 지켜봐주면 된다. 조금 뒤로 물러나 거리를 둔다고 해서 지구가 멸망하지도 않거니와, 지구가 멸망할 만큼 중요한 일은 나의 잔소리로도 해결할 수 없다. 그러니 마음의 여유를 갖고, 더 깊은 신뢰로 부하직원과의 적절한 거리를 유지해야 한다.

한편 잔소리에는 '애정'만 들어 있는 것이 아니다. 아이러니하게도 잔소리의 근원엔 상대에 대한 '불신'이 존재한다. 리더에게는 부하직원이 모든 면에서 자기보다 부족하다는 선입견이 있다. 그래서 일일이 살피고 지적하지 않으면 실수를 하거나 잘해내지 못하리라고 생각하는 것이다. 물론 리더에 비해 경험이 부족하니 업무 능력이 다소 부족한 직원이 있을 수 있다. 그렇다고 해서 하나하나 간섭하고 잔소리를 하는 것은 직원의 업무 능력 향상에 전혀 도움이 되지 않는다. 오히려 그들의 판단과 업무계획에 혼란을 주어 잘해내는 데 방해만 될 뿐이다.

매의 눈으로 살피며 '어디 한번 걸리기만 해봐라'라며 혼낼 거리를 찾는 행태는 외부인의 시선에서나 가능한 일이다. 하나의 목표를 향해 함께 나아가는 '우리'는, 특히 리더는 틀린 점이나 잘못한 점을 찾아서 지적할 것이 아니라 직원들이 놓친 부분을 찾아 조용히 보완해주고 지원해주면 된다. 그러면 분노할 일도 훨씬 줄어들고, 구성원과의 관계도 더 좋아지며, 무엇보다 조직의 성과 향상에도 큰 도움이 된다.

분노 밑에 숨겨진 진짜 이유를 찾자

"홍 팀장은 왜 유독 박 과장에게만 그렇게 화를 내죠?"

"네? 그게 무슨?"

김 팀장의 느닷없는 말에 홍 팀장은 황당하다 못해 당황스럽기까지 했다.

"좀 전에도 팀원들 모두 점심을 먹고 수다 떨면서 사무실에 들어가는데, 박 과장만 꼭 집어서 시끄럽다며, 입 좀 다물라면서 화를 냈잖아요."

"아, 내가 그랬나요?"

전혀 예상치 못한 일이었다. 그러고 보니 언젠가부터 박 과장에게 화를 내는 일이 잦아졌다. 그런데 분명하진 않지만

다 화를 낼 만해서 내지 않았을까. 오늘만 해도 아마 팀원 중에 박 과장의 목소리가 가장 컸을지도 모를 일이다.

"도대체 왜 팀장님은 저한테만 유독 화를 내세요?"

오후 팀장 회의를 마치고 사무실에 들어서며 홍 팀장은 박 과장에게 옆에 떨어진 휴지 좀 치우라며 짜증을 냈다. 그런데 박 과장이 못 들은 체하며 일에만 계속 열중하자 홍 팀장은 "자기 옆에 떨어진 휴지 하나도 제때 안 치우면서 무슨 신상품 기획을 한다고! 하나를 보면 열을 아는데, 넌 기본이 안 돼 있어!"라며 버럭 소리를 질렀다. 이에 참다못한 박 과장이 왜 자기에게만 화를 내느냐며 따진 것이다.

"화가 나니까 화를 내지. 화가 나는 데도 이유가 필요해? 그리고 내가 왜 너한테만 심하게 화를 내?".

"저는 잘 모르지만 아마도 팀장님은 그 이유를 잘 아실 겁니다. 왜 제게만 유독 화가 자주 나는지, 왜 제게만 유독 심하게 화를 내시는지 말입니다!"

박 과장이 씩씩대며 자리로 돌아가자 팀원들이 홍 팀장의 눈치를 살피며 낮은 목소리로 박 과장을 위로했다. 팀원들의 모습에 홍 팀장은 정말 자기가 유독 박 과장에게만 예민하게 굴었는가에 대해 진지하게 되돌아보기 시작했다.

나의 분노에게 묻고 따지자, 그래서 원하는 게 뭐니?

요코야마 노부하루(橫山信治)는 그의 저서 《때려치기 전에 직장인 분노 조절 기술》에서 '화가 난 이유는 의외로 다른 감정에 있다'라고 말한다. 그는 '화'라는 감정은 2차 감정이며, 그 저변에는 다른 감정, 즉 진짜 감정인 1차 감정이 존재한다고 말한다. 그리고 화가 솟아올랐을 때 화를 유발한 진짜 감정인 1차 감정을 찾는 것만으로도 냉정함을 유지할 수 있으며, 이후의 반응까지 바꿀 수 있다고 말한다.

이러한 논리로 앞의 사례 속 홍 팀장이 박 과장에게 화를 내게 된 진짜 감정에 접근해보자. 홍 팀장은 오후에 참석한 팀장 회의에 박 과장이 제출한 신상품 기획안을 들고 나갔다. 늘 그렇듯이 박 과장의 기획안은 모두에게 좋은 평가를 받았고, 모두들 "홍 팀장은 유능한 부하직원을 둬서 좋겠다"라며 부러워했다. 기뻐해야 할 일임에도 홍 팀장은 왠지 불쾌한 기분이 들었다. 그리고 그 불쾌함보다 더 강하게 밀려오는 감정은 불안감과 질투심이었다. 팀의 리더인 자신이 보기에도 박 과장의 기획안은 매번 입이 떡 벌어질 만큼 새롭고 기발했다. 게다가 시장성이나 사업성까지 꼼꼼히 분석해서 자칫 기발함이 지나쳐 현실성이 떨어질 수 있다는 단점까지 잘 보완한, 그야말로 흠잡을 데 없는 훌륭한 기획안이었다.

인정하기 싫지만 홍 팀장이 박 과장에게 느끼는 분노의 1차 감정은 다름 아닌 '질투심'이었다. 입사시험에서는 가늠할 수 없었던 박 과장의 타고난 재능이 실무를 처리하면서 점차 드러났고, 팀장들 사이에선 은연중에 박 과장이 다음 인사이동에서 최연소 팀장이 되는 것이 아니냐는 말까지 나돌았으니 질투심은 어느새 불안감으로까지 이어졌다.

이런 1차 감정을 알지 못한 채 홍 팀장은 그저 박 과장의 사소한 행동들이 눈에 거슬려 화가 나는 것뿐이라고 생각했다. 그래서 수시로 자신을 화나게 하는 박 과장이 싫어져서 거친 표현을 써가며 분노를 직설적으로 표현했던 것이다.

박 과장을 향한 분노의 바탕에 깔린 진짜 감정을 알게 된 홍 팀장은 자신의 분노가 정당하지 못하다는 것을 인정하고 박 과장에게 그동안 지나치게 예민하게 굴며 거칠게 화를 낸 것에 대해 진심으로 사과했다. 그리고 박 과장에 대한 질투심과 불안감을 다스리기 위해 독서와 명상 등을 통해 마음을 평온하게 만들려 노력했다. 더불어 타인과 비교하여 더 뛰어나기를 바라기보다는 자신만의 장점을 찾고 그것을 더 계발하는 데 집중해보기로 했다.

홍 팀장처럼 타인을 향한 분노의 1차 감정이 순수하게 본인 자신의 문제라면 이처럼 스스로의 노력으로 조금씩 해결하고 극복해나가면 된다. 그런데 1차 감정의 원인이 특정 대상의 행동 혹은 그와의 관계에 있을 수도 있다. 이때는 최대한 그 감정을 객관적으로 정리하여 상대에게 전할 필요가 있다.

문 과장은 이 대리가 오늘까지 제출하기로 한 보고서를 퇴근 무렵이 되어서야 가져오자 "일하는 태도가 왜 이 모양이야!"라며 과도하게 화를 냈다. 그런데 곰곰이 생각해보면 그렇게까지 화를 낼 만한 일은 아니었다. 더군다나 이 대리 입장에선 '오늘까지'라는 약속은 지킨 것이었니 엄밀히 말하면 화를 내서는 안 되는 일이었다.

문 과장은 자신이 왜 그렇게까지 화를 냈을까에 대한 근원을 따져보았다. 그랬더니 사실은 1차 감정으로 이 대리에 대한 서운함이 깔려 있었다. 근래에 이 대리는 같은 팀의 최 과장과 죽이 맞아서 자주 어울렸다. 오늘 점심때도 둘이서 따로 나가 식사를 하고 왔다. 이 대리는 입사 초기부터 문 과장이 관심 있게 챙기며 친하게 지낸 직장 후배이다. 그런데 어쩐 이유에선지 요즘은 최 과장과 함께 다니며 자신을 따돌리는 듯한 느낌을 받게 돼 서운한 감정이 컸다. 이러한 1차 감정을 차분히 정리하지 못했던 탓에 이 대리에게 자주 짜증을 내고 격하게 화를 냈던 것이다.

문 과장이 바라는 것은 예전처럼 이 대리와 친하게 지내는 것이었다. 그런데 서운함이라는 1차 감정을 무시한 채 분노만 표출하니 자신의 바람과는 달리 이 대리와 더 멀어지게 됐다. 문제를 지혜롭게 해결하려면 자신이 현재 느끼는 서운한 감정을 이 대리에게 차분하게 전할 필요가 있다. 문 과장이 자신의 감정을 허심탄회하게 말하자 이 대리는 이렇게 대답했다.

"죄송합니다. 많이 서운하셨겠어요. 저는 그런 줄도 모르고 너무 제 생각만 했네요. 사실 2주 전에 최 과장님이 사촌 여동생을 제게 소개해주셨는데, 너무 마음에 들어서 제가 최 과장님께 잘 보이려고 과도하게 붙어 다니는 중입니다. 하하."

이렇듯 분노 아래 깔린 진짜 감정과 바람을 차분히 얘기하다 보면 상대의 진심과 상황을 들을 수 있고, 그동안 오해로 비롯된 일들이 술술 풀리기 시작한다. 그리고 설령 오해가 아니라고 해도 서로를 위해 더 노력하는 계기가 될 수 있다. 무엇이 되었든 본래의 감정은 무시한 채 무작정 분노를 표출하는 것보다는 훨씬 나은 결과를 얻을 수 있으니 화가 나면 왜 화가 났는지, 분노 밑에 숨겨진 진짜 이유를 찾아서 순리대로 풀어가야 한다.

정말 그 사람에게 화가 난 게 맞아?

언젠가 친구와 함께 커피숍에서 차를 마시다 친구가 갑자기 버럭 화를 내는 바람에 몹시 당황했던 적이 있다. 차를 마시며 웃는 얼굴로 이런저런 얘기를 나누던 친구가 갑자기 얼굴이 굳어지더니 "아, 짜증 나!"라고 소리를 질렀다. 나는 너무 놀라 "엉? 왜?"라고 물었고, 친구는 "그냥, 네 목소리도 짜증 나고, 너도 짜증 나!"라고 소리를 지르더니 밖으로 나가버렸다. 순간 나는 그야말로, 멘탈이 붕괴되는 극심한 충격과 함께 마음에 깊은 상처를 입었다.

그렇게 30여 분이 지난 후 친구가 내게 전화를 했다. 그러고는 울먹이는 목소리로 연신 미안하단 말만 반복했다. 나는 차분히 친구를 다독였고, 그 끝에 친구는 남편이 불륜을 저질러 현재 별거

중임을 내게 고백했다. 그리고 나와 함께 있던 커피숍에서 남편의 내연녀와 닮은 여자를 보고 순간적으로 화가 치밀어 올랐다고 했다. 폭발하는 분노를 제어할 수 없어서 내게 화를 내고 소리를 지른 것이라며 진심으로 미안해했다.

이런저런 사연을 듣고 나니 친구의 갑작스러운 분노 표출이 이해가 됐다. 하지만 친구가 분노의 대상을 제대로 인지하지 못하는 바람에 괜히 옆에 있던 내가 뜨거운 불똥을 맞았다는 생각에 씁쓸함이 남았다.

건강하게 표현되지 못해 억눌린 분노는 우리의 무의식에 저장되고, 작은 자극에도 쉽게 터져 나온다. 게다가 급작스럽게 터져 나온 분노는 대상을 잘못 찾아가기도 한다. 기업을 대상으로 리더의 분노 표출과 그에 따른 문제와 개선 방안을 코칭하면서도 이와 유사한 경우를 종종 마주친다.

곽 부장은 외부 업체와의 미팅에서 자존심이 상하는 일을 당해 무척이나 화가 난 상태로 사무실에 들어섰다. 그런데 하필이면 처음 눈이 마주친 황 대리가 누군가와 통화를 하면서 한쪽 입꼬리를 올리며 웃고 있는 것이 아닌가. 순간, 불쾌한 감정이 든 곽 부장은 황 대리를 향해 버럭 소리를 지르며 화를 냈다.

"넌 점심 먹고 왔으면 일이나 하지 무슨 전화질이야! 여기가 너희 집 안방이야? 이것들이 비싼 월급 받아먹고는 하라는 일은 안 하고 전화질만 하고 있어!"

"죄송합니다. 아직 오후 근무 시작 전이라…?"

그러고 보니 아직 점심시간이 10분이나 남아 있었다.

"시끄러워! 꼭 일 못 하는 것들이 시간 따져가면서 일하지?"

한번 끓어오른 화는 쉽게 진정되지 않았고, 곽 부장은 다시 황 대리에게 소리를 질렀다. 그렇게 한바탕 소리를 지르고 난 후 화가 조금 가라앉자 곽 부장은 자신이 엉뚱한 곳에 화를 냈다는 것을 깨달았다. 정작 화가 난 대상은 자신을 무시하며 자존심을 건드렸던 거래처 임원이었지만 그에게 화를 내지 못한 탓에 죄 없는 황 대리에게 분풀이를 한 것이었다. 하지만 이미 분노의 화살은 시위를 떠나 황 대리의 가슴에 꽂힌 상태라 수습하기엔 늦은 감이 있었다. 곽 부장은 이러지도 저러지도 못할 상황이라 대충 얼버무리며 얼른 그 자리를 피해버렸다.

누구를 향한 분노인지, 무엇을 향한 분노인지가 명확하지 않으면 엉뚱한 사람에게 화를 내거나 과도하게 화를 내게 된다. 이럴 때는 상황도 하나도 개선되지 않고, 상대에게 큰 상처를 주어 대인관계에도 문제가 생긴다. 특히 조직의 리더는 직위가 주는 힘 때문에 분노를 훨씬 더 자유롭게 분출할 수 있기에 더더욱 주의를 기울여야 한다. 그리고 대상을 잘못 찾은 분노나 오해에서 비롯된 분노를 표출했다면 앞 사례의 곽 부장처럼 자리를 피하거나 대충 얼버무릴 것이 아니라 그것을 깨달은 즉시 진심으로 사과를 해야 한다. 그래야지만 더 나쁜 상황을 막을 수 있다.

그래서 어떻게 할 것인가?

분노의 대상도 명확해졌고, 분노의 바탕에 깔린 진짜 감정도 확인했다면 이제는 '그래서 어떻게 할 것인가?'에 대한 답을 찾을 차례이다. 이에 대한 답을 찾아 마침표를 찍어야 나의 분노가 건강하게 해소될 수 있다.

사실 이 질문에 정답은 없다. 문제가 생기지 않는 선에서 분노를 해소하는 절충안을 찾으면 되는데, 이 역시 주관적이라 딱 꼬집어 말할 수 없다. 다만 화가 솟구칠 때가 아니라 차분해졌을 때의 마음을 따르면 된다.

그러기 위해 우선 떠오르는 모든 방안을 하나하나 메모해보자. 예컨대 지각을 밥 먹듯이 하는 부하직원 때문에 매번 화가 난다면 '눈물이 쏙 빠지도록 호되게 혼을 낸다', '화를 내봤자 내 정신건강만 나빠지니 아예 신경 쓰지 않는다', '리더가 아닌 인생 선배로서 그의 업무 태도에 대해 진지하게 조언하고 변화를 이끈다', '지각할 때마다 과다한 업무를 주어 조직의 쓴맛을 보게 한다', '지각 등 불량한 업무 태도에 대한 벌점제도를 두어 그에 따른 벌금을 받는다', '지각한 시간의 몇 배로 추가근무를 시킨다', '회사 규율에 따른 징계를 받도록 공정하게 처리한다' 등 다양한 방안이 나올 수 있다.

이렇게 여러 가지 방안이 나왔다면 이제 각각을 실행에 옮겼을 때 벌어질 일을 예측해보자. 예측 결과, 그렇게 함으로써 내 마음이 개운해지고 상황이 조금이라도 개선되며, 문제를 더 크게 만들거나 또 다른 문제를 야기할 소지가 적은 것 중에서 가장 마음에 드는 것을 선택하여 시도하면 된다.

✎ 분노도 통역이 필요하다

"홍 팀장님이 김 과장님께 그 일에 대해 사과했다면서요?"

"정말이요? 해가 서쪽에서 뜰 일이네요."

도통 고개 숙일 줄을 모르던 홍 팀장이 김 과장에게 사과
한 것이 팀에서는 큰 이변이었다. 그러나 홍 팀장의 사과에
는 다 그럴 만한 이유가 있었다.

며칠 전 홍 팀장은 '김 과장이 협력업체로부터 리베이트를
받아 챙겼다'는 거래처 직원의 말만 믿고 김 과장에게 불같
이 화를 냈다. 그 과정에서 인격을 모독하는 폭력적인 발언
과 욕설은 물론이고 심지어 어깨를 밀치는 물리적인 폭행까
지 가해졌다. 황당함을 넘어 억울함에 분통이 터진 김 과장

이 홍 팀장에게 이유를 따져 물었고, 급기야 거래처 직원과 마주 앉아 삼자대면을 하기에 이르렀다. 결국 진실을 확인한 결과, 거래처 직원이 다른 사람을 김 과장으로 착각하여 홍 팀장에게 잘못된 정보를 전달한 것이었다.

진실이 밝혀졌음에도 여전히 억울함과 화가 가라앉지 않은 김 과장이 사내 고충상담실에 정식으로 사건을 접수하려 하자 그제야 사태의 심각성을 깨달은 홍 팀장이 황급히 사과를 했다.

"미안하네. 내가 오해를 했어. 아니 그 자식이 나한테 쓸데없는 말을 해서는 내가 김 과장에게 이런 실수를 하게 만드네. 어쨌건 미안하네. 그러니 고충상담실에 접수하는 건 없던 일로…."

사과인 듯 사과 아닌, 사과 같은 변명에 김 과장은 화가 가라앉기는커녕 홍 팀장에 대한 실망감만 더 커졌다. 제대로 사과 하나 못하는 저런 사람을 지금껏 리더로 믿으며 따라왔는가 싶은 회의감까지 들어서 홍 팀장은 물론이고 이 회사마저 떠나고 싶다는 생각이 들었다.

화성에서 온 팀장과 금성에서 온 팀원

기업은 대표적인 영리조직으로 '이윤창출'이 설립의 목표다. 그리고 이러한 기업의 설립목표를 달성하기 위해 구성원은 끊임없이 성과를 창출해내야 한다. 물론 이 과정에서 구성원은 일에 대한 성취감과 만족감을 느끼고 봉급이라는 체계를 통해 경제적인 보상도 취한다. 그럼에도 기업은 구성원이 이러한 개인 차원의 만족감을 얻는 데 그치지 않고 조직의 성장과 발전을 제1의 목표로 하는, 운명공동체로서의 진정한 동반자가 되길 희망한다. 이를 위해 경영진을 비롯한 조직의 리더는 구성원이 각자의 능력을 최대한 발휘할 수 있도록 최적의 환경을 제공해주려 노력한다.

그런데 이러한 이상적인 그림과는 달리 조직의 속사정을 자세히 들여다보면 크고 작은 갈등으로 에너지를 허투루 낭비할 때가 많다. 이러한 갈등의 정도가 심한 곳은 조직 및 기업 자체가 퇴보하거나 제자리걸음을 한다. 조직 내부의 갈등으로 인한 불협화음이 거세니 전진의 발걸음에 사용할 에너지가 없는 것이다. 그리고 느리게 혹은 빠르게 전진하고 있는 기업에도 미미하지만 조직 내부에 오해, 시기, 적대감, 미움 등의 비생산적인 갈등이 존재하고, 이 역시 걸림돌이 되기는 마찬가지이다.

앞선 사례의 김 과장처럼 최선을 다해 일하던 사람도 리더나 동료에게 오해를 받아 갈등이 불거지면 일에 대한 의욕이 꺾임은 물론이고 조직을 아예 떠나는 것까지 진지하게 고민하기도 한다. 이러한 갈등에 대해 조직이 개인의 문제로만 여기며 뒷짐만 지고 있다면 결국 리스크를 떠안는 것은 조직이고 기업이다.

리더가 사실 파악을 제대로 하지 않은 채 막무가내로 부하직원을 의심한 것도 문제이지만 더 큰 문제는 상대를 전혀 배려하지 않는, 막무가내식의 폭력적인 분노 표출이다. 그리고 제일 큰 문제는 이것이 모두 오해에서 비롯된 일이며, 자신의 분노 표출 방식에 문제가 있다는 것을 알면서도 상대에게 제대로 사과하지 않고 얼렁뚱땅 넘어가려는 태도이다.

'도통 고개 숙일 줄을 모른다'라고 표현한 것처럼 홍 팀장은 평소 사과에 익숙하지 않은 사람이다. 그래서 자기가 정말 잘못했다는 것을 깨달았대도 정작 상대에게 그 마음을 전하는 것이 어색하고 낯설다. 홍 팀장으로선 "미안하다"는 그 표현이 최고의 진심 어린 사과인 셈이다.

한편 이런 홍 팀장의 입장과는 별개로 김 과장은 자신에게 무차별적인 폭언을 쏟아붓고 사과 같지도 않은 사과의 말 한마디만 던진 채 모르는 척하고 있는 홍 팀장이 너무나 괘씸하다. 더군다나 그것은 사실과는 전혀 다른, 오해에서 비롯된 분노가 아니던 가. 직급도 내려놓고 나이도 내려놓고 인간 대 인간으로 마주하며 홍 팀장의 진심 어린 사과를 받고 싶은 것이 김 과장의 솔직한 마음이다.

'화해'라는 하나의 목적지를 바라보면서도 화성에서 온 팀장과 금성에서 온 팀원처럼 서로 다른 언어로 각자의 이야기만 하니 이들 마음이 접점을 찾기란 결코 쉬운 일이 아닌 듯하다. 그렇다고 수년간 다른 언어로 살아온 이들이 서로를 배려해 상대의 언어를 배우고, 상대의 언어로 말해주기를 기대하는 것 또한 당장은 무리이다. 그래서 서로 다른 언어가 오가는 사람들 사이에서는 분노의 감정도 '통역'이 필요하다.

홍 팀장의 '미안하다'는 한마디에 담긴 수많은 진심을 김 과장의 언어로 풀어주고, '나를 믿어주지 않고 폭력적인 언어로 내게 분노를 쏟아낸 당신에게 무척이나 서운하고 화가 난다'라는 말을 차마 입 밖으로 꺼내지 못한 김 과장의 억눌린 마음도 홍 팀장이 이해하기 쉬운 언어로 풀어서 전해주어야 한다.

한편 이러한 오해에서 비롯된 분노가 아니라 누가 봐도 정당한 분노일지라도 표현 방법이 올바르지 못했다면 상대는 그것을 부당하다고 느낄 수 있다. 이 역시 서로 다른 행성의 언어가 오가는 상황이니 분노의 감정을 통역하여 전달할 필요가 있다. 왜 상대에게 화가 났으며, 그래서 무엇이 달라지길 바라는지에 대해 분명하게 전달하지 않으면 화를 낸다고 해서 별반 나아질 게 없다. 오히려 상대와의 관계만 안 좋아지고 상대의 마음에 적대감과 반발심만 쌓이게 만든다.

필요하다면 전문가의 도움을 요청하자

조직에서 발생하는 다양한 갈등 상황은 분노로 이어질 가능성이 크다. 이때 리더와 같이 위계적 권력의 상위층에 있는 사람일수록 자신의 분노를 더 즉각적으로, 직설적으로 표출할 수 있다. 반면 부하직원은 분노의 감정이 생겨도 쉽게 표현할 수 없는 처지에 놓여 있다 보니 스트레스도 증가하고 분노 또한 켜켜이 누적된다.

리더와 부하직원과의 갈등, 동료와의 갈등 등 직장인들이 직장 내 인간관계에서 받는 스트레스나 분노의 감정은 조직의 성과에도 좋지 않은 영향을 미친다. 그러나 많은 기업이 조직 내에서 발생하는 구성원들의 갈등이나 분노, 스트레스를 개인적인 문제로 인식하며 별다른 대책을 마련하지 않고 있는 것이 현실이다.

근로복지공단에서는 직장 내 갈등과 개인 정서 문제를 상담하는 근로자지원 프로그램을 운영하고 있지만 기업 단위의 참여비율은 10%(2016년 기준) 수준에 불과하다고 밝혔다. 직장 내에 구성원 간의 갈등 해결과 심리문제에 도움을 주는 교육 프로그램이나 상담센터 등이 마련된 곳도 거의 없다. 설령 있다고 해도 형식적인 경우가 많다고 전문가들은 지적한다.

다행히 최근에는 '직장 내 괴롭힘 금지법'이 시행되는 등 억눌린 직장인의 마음에 공감하고 고충을 해결해주려는 제도적 장치가 많이 생겨나고 있고, 활성화되고 있는 중이다. 특히 분노와 같은 부정적 정서는 조직적 차원에서의 관리가 필요하다는 인식도 빠르게 확산되고 있다.

앞서 말했듯이 분노는 전염성이 강한 감정이라 순식간에 조직의 분위기를 긴장 상태로 몰아넣고, 그 결과 조직의 성과에도 악영향을 미칠 수 있다. 특히 리더의 올바르지 못한 분노 표출에 노출된 구성원들은 분노 반추의 심리 메커니즘을 통해 분노를 더욱 키우고, 급기야 리더와 조직에 대한 적대감과 반발심까지 키워 부정적인 행동을 할 수 있다는 것이 연구를 통해 밝혀졌다. 따라서 리더가 분노를 조절하고 올바르게 표현할 수 있도록 돕는 것은 물론이고 리더의 분노 표출로 인해 구성원에게 증폭되고 누적되는 분노의 정서에도 더욱 관심을 기울이고 조직적 차원에서 관리를 해야 한다. 이를 위해 조직은 구성원 간에 갈등 상황이 발생했을 시에 이를 즉시 해결할 수 있는 실용적인 방안을 마련하고, 더불어 구성원이 편안하게 고충을 털어놓고 해소할 수 있는 장을 마련해주어야 한다.

한편, 분노한 사람의 마음을 풀어주고, 상대에게 분노의 이유를 정확히 전달하는 등 단순히 '분노'에만 집중해서 조직 내에서 관리한다면 근본적인 문제해결이 어렵다. 조직 내에 분노가 발생하는 가장 큰 원인이 소통의 부재에 있는 만큼 무엇보다 리더와 구성원 그리고 구성원 간의 소통이 원활하게 이루어질 수 있도록 이끌어가야 한다. 이를 위해서는 지속적인 교육을 통해 근원적인 의식 변화를 이끎으로써 상대의 이야기를 경청하고 공감하는 문화를 형성해나가야 한다. 또한 수평적 커뮤니케이션을 활성화하는 전문적인 프로그램을 도입하는 등 조직 내 정보의 흐름을 활성화하고, 구성원이 자신의 생각이나 의견을 자유롭게 말할 수 있는 건강한 소통의 문화를 정착시켜나가야 한다.

조직에서는 리더를 비롯한 모든 구성원에게 서로 인간적 존중을 실천할 수 있는 핵심적인 정보를 제공하고, 존중을 실천할 수 있는 교육 개발 과정에 그들을 적극적으로 참여시킬 필요가 있다. 또한 조직 구성원의 정신건강을 위한 휴식시간 확보와 전문 프로그램 도입 및 멘토링 제도의 활성화, 사내 전문기구를 통한 상시적인 분노 관리는 물론이고, 필요하다면 외부 전문가의 카운슬링을 통해 조직 내 분노로 인한 부작용을 완화하고, 스트레스 관리를 통해 성과 관리를 해야 한다.

또한 앞서 말한 '분노의 통역'처럼, 기업은 공정하고 객관적인 입장에서 분노 당사자들의 이야기를 들어주고 상대에게 서로의 진심을 전해주는 것은 물론이고, 나아가 전문적인 지식에 바탕을 둔 체계적인 카운슬링을 통해 분노의 건설적인 해결점을 제시할 필요가 있다. 이를 위해선 조직 내부에 전담기관을 두어 전문적인 자격과 자질을 갖춘 카운슬러에게 도움을 받을 수 있도록 지원할 필요가 있다. 그것이 여의치 않다면 외부에서 전문인력을 초빙해 분노 통역에 도움을 받는 것도 조직 내 분노 관리를 위한 좋은 해결책이라 할 수 있다.

내 감정의 주인이 되자

'외로워도 슬퍼도 울지 않고, 참고 참고 또 참으며 웃는 것'은 과연 건강한 마음일까? 만화 속 가상의 캐릭터이기에 가능한 이야기일 뿐, 현실에서는 슬픔과 외로움을 참고 웃기만 한다는 것이 생각만큼 쉽지 않다. 게다가 그것은 전혀 행복하지도 않거니와 무엇보다 마음의 건강을 해치는 일이다.

우리는 한 가지의 감정으로만 살아갈 수 없다. 인간의 뇌가 지배하는 감정구조에는 기쁨과 슬픔, 화, 즐거움, 두려움 등등 여러 감정이 공존하고 있다. 그리고 이런 인간의 모든 감정은 정상이고 모두가 중요하다. 즐거움, 행복감, 성취감, 기쁨 등과 같은 긍정적인 감정 외에도 사랑하는 이와의 이별에 슬퍼하고, 나를 무시하고 모욕하는 사람에게 분노하고, 동료와의 경쟁에서 뒤처지고 낙오되지는 않을까 불안해하는 것도 모두 정상적이고 중요한 감정이다. 그래서 긍정적인 감정이든 부정적인 감정이든 감정은 그 자체로 존중받아야 한다. 그리고 이러한 인간의 다양한 감정은 억눌림 없이 편안하게 표현되어야 한다.

그렇다고 해서 거침없이 막무가내로 표현해도 된다는 말은 아니다. 여러 다양한 감정은 적절한 균형을 유지하고 이성에 의해 적절한 통제를 받으며 가장 건강한 형태로 표현될 때 나와 내 주위의 사람 모두가 평온할 수 있다. 특히 조직을 책임지는 리더의 기분과 감정은 조직 구성원에게 큰 영향을 미칠 수 있기에 리더는 분노와 같은 부정적인 감정을 표출할 때 더욱 신중함과 지혜로움을 발휘해야 한다. 리더의 위계적 지위가 주는 힘과 분노라는 강한 감정의 기운이 통제 없이 자유롭게 표출되면 상상 이상의 큰 힘이 되어 상대를 상처입힐 수 있기 때문이다.

"내가 너무 심했다는 것을 깨달았지만 그땐 이미 늦었더라고요."

건강하고 지혜로운 분노의 표출과 관련한 코칭과 강의를 진행하다 보면 화의 감정을 조절하지 못한 데 대해 뒤늦은 후회를 하는 리더가 많다. 시간이 지난 뒤 생각하니 정말 그 정도로 화를 낼일이었던가, 내가 너무 옹졸하게 군 것은 아니었나 후회가 된다는 것이다. 게다가 한번 튀어나온 말과 행동은 다시 주워 담을 수가 없으니 한동안은 자신이 화를 냈던 상대와 어색한 관계를 유지해야 하는데, 이 또한 고역이 아닐 수 없다.

미움, 시기, 불안, 분노와 같은 부정적인 감정을 느낀다고 해서 나쁜 사람은 아니다. 앞서 말했듯이 모든 감정은 정상이고 자연스럽다. 그러나 이러한 감정을 통제 없이 무작정 자유롭게 표현하면 나쁜 결과가 초래될 가능성이 크다. 게다가 감정은 분출과 동시에 해소되는 것이 아니라 오히려 더 깊이 그 감정 속에 머물게 하기도 한다. 화가 나서 소리를 지르다 보면 저도 모르게 점점 더 목소리가 커지고, 처음엔 그저 주먹만 움켜쥐었을 뿐인데 어느새 무언가를 내리치고 있는 스스로의 모습을 발견하기도 한다.

감정이 격앙되어 흥분하면 혈압이 상승하고 호흡이 가빠지는 등의 신체적 흥분 증상이 동반되는데, 이렇듯 감정과 몸이 맞물려 같은 방향으로 흐르면 그것을 가라앉히기가 쉽지 않다. 그래서 분노와 같은 파괴적이고 폭력적인 감정은 그것이 더 커지지 않도록 지혜로운 방법으로 조절하고 통제할 필요가 있다.

나의 감정은 나의 마음에서 출발한다. 감정은 특정 대상이나 상황 등 여러 외부적 요인에 의해 생겨날 수 있으나 그 감정의 주인은 나름 아닌 나 자신이다. 그러니 어떤 감정이든 나 자신이 능숙하게 통제할 수 있어야 한다. 그래야 진정한 감정의 주인이 될 수 있다.

나의 분노 표현 유형 알아보기

〈 테스트 전 주의사항 〉

분노는 누구나 일상에서 경험하는 자연스러운 정서입니다. 따라서 한 사람에게서 한 가지 유형의 분노 표출 형식만 나타나지 않고, 상황과 환경에 따라 얼마든지 변화할 수 있음을 먼저 인식해야 합니다. 다음 상황에 대해 최대한 현재 자신의 감정에 솔직하게 답변해주세요.

일상 속에서 분노할 만한 일이 일어나면 당신은 그 감정을 어떻게 표현합니까? 총 세 가지 영역(A, B, C)의 질문에 모두 답하여 자신의 분노 표현 유형을 알아보도록 합시다.

[A영역]

1. 소리를 지르거나 큰 소리로 이야기한다.

매우 그렇다(5점)

그렇다(4점)

보통(3점)

그렇지 않다(2점)

매우 그렇지 않다(1점)

2. 물건을 던지거나 파손한다.

매우 그렇다(5점)

그렇다(4점)

보통(3점)

그렇지 않다(2점)

매우 그렇지 않다(1점)

3. 흥분하거나 욕을 하는 등의 행동을 한다.

매우 그렇다(5점)

그렇다(4점)

보통(3점)

그렇지 않다(2점)

매우 그렇지 않다(1점)

4. 얼굴이 빨개지거나 문을 쾅 닫는 등 행동으로 표현한다.

_____ 매우 그렇다(5점)

_____ 그렇다(4점)

_____ 보통(3점)

_____ 그렇지 않다(2점)

_____ 매우 그렇지 않다(1점)

5. 쉽게 흥분하며 자제심을 잃는 경우가 있다.

_____ 매우 그렇다(5점)

_____ 그렇다(4점)

_____ 보통(3점)

_____ 그렇지 않다(2점)

_____ 매우 그렇지 않다(1점)

6. 말을 하지 않는다.

매우 그렇다(5점)

그렇다(4점)

보통(3점)

그렇지 않다(2점)

매우 그렇지 않다(1점)

7. 시선을 피하고 혼자 있으려고 한다.

매우 그렇다(5점)

그렇다(4점)

보통(3점)

그렇지 않다(2점)

매우 그렇지 않다(1점)

8. 겉으로 표현하진 않지만 속으로 비판하는 경우가 있다.

매우 그렇다(5점)

그렇다(4점)

보통(3점)

그렇지 않다(2점)

매우 그렇지 않다(1점)

9. 말을 하기 싫어 참는 경우가 종종 있다.

————————————————— 매우 그렇다(5점)

————————————————— 그렇다(4점)

————————————————— 보통(3점)

————————————————— 그렇지 않다(2점)

————————————————— 매우 그렇지 않다(1점)

10. 표정이 어두워지고 토라져 있다.

————————————————— 매우 그렇다(5점)

————————————————— 그렇다(4점)

————————————————— 보통(3점)

————————————————— 그렇지 않다(2점)

————————————————— 매우 그렇지 않다(1점)

11. 화가 난 상황에 대해 분석한다.

매우 그렇다(5점)

그렇다(4점)

보통(3점)

그렇지 않다(2점)

매우 그렇지 않다(1점)

12. 바로 화를 내기보다 잠시 생각을 정리하는 편이다.

매우 그렇다(5점)

그렇다(4점)

보통(3점)

그렇지 않다(2점)

매우 그렇지 않다(1점)

13. 다른 사람보다 빨리 자제력을 찾으려고 애쓴다.

매우 그렇다(5점)

그렇다(4점)

보통(3점)

그렇지 않다(2점)

매우 그렇지 않다(1점)

14. 다른 사람에게 인내심을 갖고 이야기를 시도한다.

매우 그렇다(5점)

그렇다(4점)

보통(3점)

그렇지 않다(2점)

매우 그렇지 않다(1점)

15. 감정을 적절하게 조절할 수 있으며 다른 일에 영향을 주지 않

기 위해 노력한다.

매우 그렇다(5점)

그렇다(4점)

보통(3점)

그렇지 않다(2점)

매우 그렇지 않다(1점)

나의 분노 표현 유형 찾기

〈총점 기록표〉

1	6	11
2	7	12
3	8	13
4	9	14
5	10	15
폭팔형	미덕형	지혜형

A, B, C 영역의 점수를 각각 더했을 때 가장 높은 점수가 나온 영역을 자신의 분노 표현 유형으로 봅니다. 그리고 이때 A 영역 점수가 가장 높으면 '폭발형', B 영역 점수가 가장 높으면 '미덕형', C 영역 점수가 가장 높으면 '지혜형'이라고 부릅니다.

〈폭발형〉

분노를 경험하면 즉각적으로 화를 표출해야 하는 유형으로 화내고 난 후 자신이 화낸 데 대해 후회하기보다는 분풀이했다는 만족감을 느끼는 유형입니다. 폭발형은 인간관계에서 갈등을 유발하고, 중요한 일의 의사결정을 하면서 실수를 범할 수 있으며, 자칫 공격적인 성향으로 타인에게 피해를 줄 수 있습니다. 계속해서 분노가 제어되지 않는다면 전문가와 상의하여 관리할 필요가 있습니다.

〈미덕형〉

미덕형은 화를 참는 것이 미덕이라고 생각하는 경향이 있습니다. 따라서 화나는 사건이 발생했을 때 괜한 싸움을 하지 않고, 나 혼자 참으면 모두가 편안하고 좋다고 인식합니다. 미덕형은 자신의 감정을 억압하고 살기 때문에 자칫 폭발형으로 바뀔 수 있습니다. 또한 분노의 감정을 잘 관리하지 못하다가 잘못된 대상에게 공격성 화풀이를 할 위험이 있습니다. 분노를 무조건 참기보다는 화가 난 이유에 관해 생각하고 해결하겠다는 방향을 설정하여 그때그때 분노를 해소하는 것이 바람직합니다.

〈지혜형〉

지혜형은 화나는 일이 있을 때 '왜 내가 화를 내고 있는가?'를 인식하고, 문제를 해결하고자 노력하는 유형입니다. 분노의 원인을 명확하게 인식하고 사건을 분석하여 분노의 감정을 통제하는 긍정적인 유형으로, 자신에게 일어난 일을 불평하기보다는 문제 상황을 해결하려는 의지를 보입니다. 이런 유형의 사람은 분노할 일이 있어도 감정을 쌓아두지 않고, 곧바로 다른 일에 몰입할 수 있습니다.

성숙한 리더의
품격 있는 분노

초판 1쇄 인쇄 2020년 10월 22일
초판 1쇄 발행 2020년 10월 29일

지은이   부경미
발행인   김승호
기 획   엔터스코리아(책쓰기 브랜딩스쿨)

펴낸곳   스노우폭스북스
편집인   서진

편집 진행   하진수
마케팅   구본건, 김정현
영 업   이동진
디자인   강희연

주소   경기도 파주시 광인사길 209 202호
대표번호   031-927-9965
팩스   070-7589-0721
전자우편   edit@sfbooks.co.kr
출판신고   2015년 8월 7일 제406-2015-000159호

ISBN 979-11-88331-96-3 (03320)